아동문학평론집

아동문학을 돌아보다

아동문학평론집

아동문학을 돌아보다

박 일 지음

세종출판사

머리말

칭찬의 기술

 뇌경색으로 한번 죽었습니다. 죽어서도 가져갈 것이 있겠구나 하는 생각이 들었습니다. 나쁜 평판은 죽음 밖에서도 살아있지 않을까요? 그래서 동화작가 B 선생님은 "살아서 고마운 사람이 되고, 죽어서는 그리운 사람이 되자"고 말하나 봅니다.
 살아오면서 가슴을 아프게 하는 일들이 많았습니다. 용서로써 용서가 안 되는 일들도 돌아보면서, 남은 시간이라도 고맙게 살고 싶습니다.
 전문적인 평론가가 아니라서 어렵게, 논리적으로 쓰지 못하지만, 비판보다 칭찬하는 기술에 익숙해집니다. 19c 영국의 비평가 월터 페이터는 "비평가가 갖추어야 할 능력은 지력이 아니라 감동력이다"라고 한 말이 크게 들립니다.
 나이 탓인지 지역 문학과 선후배 문학가에 대한 애정이 강해집니다. 지역 문학이 살아야 한국문학이 살아날 수 있을 테고, 문학가들을 선양하는 일은 우리들의 자긍심이기 때문입니다.

아동문학은 동심입니다. 동심이야말로 진정한 인간의 모습이며 시적인 것의 본질입니다. 그래서 피카소는 어린아이처럼 생각하기까지 일생이 걸렸다고 했고, 니체는 낙타와 사자의 과정을 거쳐서 최종적으로 어린아이가 된다고 했습니다. 사회화 과정은 동심과 순박한 본성을 다치게 합니다. 그러나 아동문학가들은 동심과 함께 존재하고 있으니 얼마나 멋있습니까?

서평이나 작가론을 제법 썼습니다만, 좋은 작품을 만나면서 그들이 나의 스승이었고, 나를 성장시켰다는 것을 절감합니다.

영국 시인 테즈 휴즈의 '시작詩作을 위한 열 가지 방법'은 한 번 되씹게 합니다. 동물의 이름을 머리와 가슴속에 넣고 다녀라. 바람과 쉼 없이 마주하라. 기후와 계절의 변화에 민감하라. 사람들의 이름을 항상 불러 보라. 무엇이든지 뒤집어서 생각하라. 타인의 경험도 내 경험으로 이끌어 들여라. 문제의식을 늘 가져라. 눈에 보이는 것은 물론 안 보이는 것까지 손으로 만지면서 살아라. 문체와 문장에 겁을 먹지 말아라. 고독을 줄기차게 벗 삼아라 등입니다.

1923년에 어린이날이 제정되었지만, 일제의 민족말살정책에 어린이들이 제대로 대우받지 못했다면, 1943년부터 발표한 최계락의 초기 동요시들은 방정환의 '학대받고, 짓밟히고, 차고, 어두운 속에서' 자라는 어린이들을 위한 진정한 문화운동이었습니다. 제24회 최계락문학상(연구부문) 수상 평론 『최계락의 동요와 동시 세계』 중 제4장 「최계락의 동요」 부분을 옮겼습니다.

시의 형태를 유지했지만 행과 연을 줄인 경우가 있습니다.

이 평론의 가치를 알고 지원해준 부산문화재단과 출판에 응해 준 세종출판사에 고마움을 전합니다.

표지를 그려준 내 친구 기도의 영애 김소희 서양화가에게 하트 뽕뽕 고마움을 표합니다.

팍팍한 세상을 지켜가는 힘은 동심입니다. 동심으로 밝게 웃으며, 행복해졌으면 좋겠습니다.

2025. 5

박 일

목차

머리말 | 칭찬의 기술 / 5

I

- 사춘기의 포용과 동심의 문학성 획득 ·· 13
- 부산 아동문학을 돌아보다 ·· 22
- 운문적 요소와 그 장치
  - 동시 창작을 위한 유형별 사례 ·· 38
- 동심의 정신, 동시의 표현 ·· 57
- 최계락의 동요 ·· 66

II

- 지난 모든 것들이 아름답고 고마워!
  - 선용 제25 동심시집 『아니랄까 봐』 ·· 93
- 별나라에서 살고 싶은 별난 상상력
  - 아동문학가 강현호 ·· 102
- 산타할머니가 보내는 동심의 선물
  - 오원량 제2 동시집 『날마다 산타』 ·· 113

- 넉넉히 안아주는 바다 같은
  - 『따라온 바다』의 시인 오선자 ··· 126
- 공사 중인 '예쁜' 세상과 착상의 상승작용
  - 박선미 동시집 『지금은 공사 중』 ··· 137

Ⅲ

- 동심의 산성마을에 무슨 일이?
  - 정재분 제5 동시집 『꽃잎의 생각』 ·· 151
- '빛나'가 만난 참 살맛나는 세상
  - 성환희 제6 동시집 『빛나의 사계절』 ··· 163
- 사랑과 눈 맞추기
  - 조윤주 제2 동시집 『하늘이 커졌다』 ··· 171
- 천하무적이 된 남매의 응집력
  - 김자미 제3 동시집 『천하무적 삼남매』 ······································ 181
- 전쟁 소나기를 겪은 어머니의 이야기
  - 홍정화 첫 동시집 『명태를 타고 온 아이』 ································· 189
- 진짜가 나타났다
  - 임은자 첫 동시집 『시력검사』 ·· 202

IV

- 아동문학의 큰 숲, 박종현 선생! ·· 213
- 한국의 헤밍웨이 덕암 이영호 선생! ····································· 217
- 고향의 솔바람이 된 소년소설가 감상남 선생! ······················· 224
- 침묵에서 떨어져 나온 동심의 수다
  - 성성모의 동시세계 ·· 238
- 연꽃 세상을 꿈꾸는 영원한 소녀
  - 곽종분의 작품세계 ·· 253
- 오, 박지현 선생! ·· 264
- 진주교대 초창기의 문학 활동
  - '두류문학회'를 중심으로 ·· 273
- 진주 지역과 동학농민운동 ·· 284

I

- 사춘기의 포용과 동심의 문학성 획득
- 부산 아동문학을 돌아보다
- 운문적 요소와 그 장치
- 동심의 정신, 동시의 표현
- 최계락의 동요

사춘기의 포용과 동심의 문학성 획득

　어린이들이 사라지고 있다. 초등학교 저학년은 물론 유치원 어린이들까지 대중가요를 즐긴다. '불꽃같이 꺼지지 않는 사랑' 같은 가사도 성인가수 못지않게 구사한다. 메스컴에서는 '신동'이나 '천재가수'가 나타났다고 부추기고, 관중들은 치기 어린 행동으로 환호를 보낸다. '동요보다 트롯'을 선호하면서 동요까지도 추억의 저편으로 사라지고 있다.
　이차성징이 앞당겨지면서 사춘기도 빨라졌다. 과거보다 이르게 나타나 저학년들도 몸에 변화가 생기고 있다. 성조숙증을 보인 아이들도 해마다 늘어나고 있다고 한다.
　성조숙증은 이차성징이 이르게 나타나는 질환인데, 여아는 8세 이전에 가슴이 발달하고 남아는 9세 이전에 고환이 커지거나 음모가 발달한다. 성별에 관계없이 체취 변화, 여드름, 급격한 키 성장 등이 나타나기도 한다.
　성숙이 지나치게 빨라지면 성장 호르몬 불균형으로 성장판이 조기에 닫힐 우려가 있고, 아이들에게 스트레스가 될 수 있기 때문에 조기 진단과 적절한 치료를 통해 각종 질환으로 연결되지 않도록 사회적 관심이 필요하지만, 무엇보다 '어린이다운 것'은 유치하다고 기피하는 경향이 생긴다는 것이다.

　아동문학은 '아동'이라는 한정어가 붙어있다. 어린이와 멀어지는 어린이가 있더라도 그들을 위하여 존재해야 하는 문학이다. 리얼리즘 이후, 일반 문학에서는 남녀의 성관계를 노출시키거나, 선정적이고 외설적인 것을 구가하기도 한다. 이제 아동문학도 성과 사랑의 이야기를 수용할 수밖에 없다.

　사이버 매체(유튜브, 인터넷 등)의 발달로 선정적이고 저급한 성의 범람과 디지털 성범죄까지 사회문제가 되고 있으니까 신중하게 접근해야 한다. 아동문학은 어린이들의 정서나 눈높이를 고려해야 하니까, 금기시해야 할 것과 수용할 수 없는 것이 있을 수밖에 없다.

　아동문학의 주 독자는 어린이다. 어린이들이 없다면 아동문학의 존재가치가 없어지고 만다. 그러나 계몽이나 교시의 대상으로 어린이를 바라보아서는 안 된다. 어린이를 새롭게 이해하고, 그들의 정체성을 고민하고, 건전한 성 담론과 수용 가능한 주제로써 시대정신에 맞는 문학으로 발전해야 한다.

　사춘기 성장통을 겪을 때 황순원의 「소나기」에 얼마나 매료되었던가. 시골 소년과 도시 소녀의 청순하고 깨끗한 사랑이 아직도 가슴을 찡하게 울리는 듯하다. 사춘기는 성숙으로 가는 과정에서 겪는 진통이다. 그런데 유치원 어린이들에게도 "남친이 누구냐?" "여친이 누구냐?" 하고 자연스럽게 이성을 묻고 있는 현실이라면, 아동문학도 성과 사랑의 수용은 자연스런 현상이 되어야 한다. 이성 친구, 사춘기적 사랑, 성 정체성(남성, 여성), 행동이나 신체 변화 등 성장 과정에서 보이는 순수하고 순박한 사랑의 감정이나 모습 등을 형상화하면서 소재의 확대를 꾀해야 한다.

> 언니만큼
> 밥을 먹어서가 아냐
>
> 언니만큼
> 몸이 자라서도 아냐
>
> 방문 걸어 닫고
> 틀어박혀 있는
>
> 언니를 이해한다는 거야.
>   - 김자미 「내가 컸다는 증거」 전문

'방문 걸어 닫고/ 틀어박혀 있는' 언니만의 특별한 행동을 이해한다는 것은 동생도 사춘기에 접어들었다는 것이다. 언니가 있으니까 조용하게 사춘기를 겪고 있는 모습이 대견스럽다. 어쩌면 시란 세계를 간단하면서 단순하게 표현하지만, 그 속에 많은 세계를 요란스럽지 않게 담고 있는 소담한 그릇은 아닐까.

> 하루 종일
> 바라만 보아도
> 좋은 아이
>
> 햇빛이 두근두근
> 봄비가 두근두근
> 내리는 걸
> 그 아이는 알까?

쉬는 시간
복도에 서서
가만히
그 아이를 바라본다.

공부 시간
교실에 앉아서도 다 보인다.

옆 반 그 아이

- 정미혜 「두근두근」 전문

　사랑은 학교에서 싹트는 경우가 많다. 그 아이를 바라본다. 두근거린다. 그 저린 마음은 햇빛과 봄비라는 상관물에 의탁할 수밖에 없다. 복도에 서서 바라본다. 마음이 가라앉지 않는다. 마침내 벽을 뚫어낸다. 교실에 앉았어도 다 본다. 옆 반 그 아이.

- 나희야 어디 가니?
- 학원간다.

방긋 웃고
참 싱겁게 끝난
한 마디지만

그래도
기분 좋다.

나희랑
함께
있는 것 같아서.

- 오선자 「길을 가다가」 전문

길을 가다가 나희를 만났다. 나희와 한 마디 건넸다. 참 싱겁게 끝난 한 마디지만 화자에게는 얼마나 의미가 깊은가. 너를 좋아한다는 감정 표현을 다한 것 같아 기분이 짱이다. 말 한마디에도 너와 함께 있는 것 같은 기분을 갖게 했으니까.

> 삼투현상은
> 과학 시간에만 있는 게 아니다
>
> 떠들지 않고
> 장난치지 않고
> 열심히 공부하겠다고
> 굳게 마음 먹었는데
> 동민이가 하면
> 나도 모르게 따라 한다
>
> 욕하지 않고
> 친구들 놀리지 않고
> 주먹도 쓰지 않겠다고
> 굳게 마음 먹었는데
> 동민이가 하면
> 나도 모르게 따라 한다
>
> 동민이는
> 농도 진한 용액이다
> 나를 빨아들이는
>
>   - 박선미 「삼투현상」 전문

삼투현상이란 반투과성 막을 사이에 두고 농도가 서로 다른 용액이 존재할 경우, 농도가 묽은 쪽에서 진한 쪽으로 용매가 이동하는 현상을 말한다. 화자에게 동민이는 '농도 진한 용액'이다. '동민이가 하면/ 나도 모르게 따라'하는 현상이 생겼으니까. 그것은 남학생의 본능도 제어하게 하는 진한 용액이었다. 교실에서도 관심의 용매 이동 현상이 많아지면서, 이것이 성장의 한 과정이라는 것을 보여준다.

사춘기는 착시현상도 일으킨다.

    숟가락으로 한쪽 눈 가리고
    보지도 않는 지우에게 윙크했다.

    윙크 한 방에
    나비가 날아간다

    윙크 한 방에
    비행기가 날아간다

    윙크 한 방에
    물고기가 날아간다

    안경 없어도 온 세상이 훤-하다

                        - 임은자 「시력검사」 전문

숟가락으로 한쪽 눈을 가리고 있으니까 더 좋다. 마음껏 윙크를 할 수 있다. '시력검사'의 성적보다 더 중요한 것은 그동안 지우에게 못했던 마음의 표현을 맘대로 할 수 있는 거였다.

    가영이가 책을 읽고 있습니다.
    남자아이 알몸 그림이 넘어갑니다.

- 이기 무슨 책이고?
- 궁금한 것을 보고 있다 아이가.
- 뭐!
- 니는 궁금한 것도 읎나?
- 읎는데…….
- 뭘 몰라. 니랑 상대가 안 돼.

가영이 얼굴을 쳐다봅니다.
짝지인지 여자인지 알쏭합니다.

- 졸시 「내 짝지」 전문

어느 초등학교에 초빙되어 동시 강의를 한 적이 있다. 그때 체험한 것이다. 3학년 여학생인데 부끄럼도 없이 빨간 책을 읽고 있었다. 이차성징을 모르는 화자는 가영이를 이해할 수 없지만, 가영이는 화자와 상대가 안 된다. 성교육이 강한 자아를 만든다고 하더니, 정말 당당하게 자라고 있었다.

달님
보름달님
(귀 좀 가까이…)

…제 팬티에
봉숭아 꽃물이 들었어요.
그래?
달님 눈이 반짝
윤이 뺨이 발그레.

- 김미영 「초경하는 날」 전문

신체 변화가 일어난다. 여자 어린이의 경우 팬티에 봉숭아 꽃물이 드는 경험을 한다. 뺨이 발그레 되는 부끄러움이기도 하지만 이차성징을 당당하게 겪는 대견스러움에 초점을 맞추었다. 직설적인 제목도 성은 부끄러움이 아니라 당당하게 대응해야 하며, 누구나 겪는 자연스런 성장 과정이라는 것을 보여주기 위해서다.

인도의 시성 타고르는 '모든 어린이는 신神이 아직도 인간에게 절망하지 않았다고 하는 메시지를 지니고 태어난다'라고 했다. 아동문학은 신이 아직도 절망할 수 없다는 그 어린이를 대상으로 하는 문학이다. 그렇다면 아동문학은 신성을 내포한 문학이 아닌가.
 이차성징이 점점 빨라지면서 어린이들이 사라지고 있는 현실이라면 아동문학도 위기가 아닐까? 이에 잘 대응해야 한다. 요즘 학교에서도 성교육이 교육과정화되어 교육하고 있다. 성교육이 강한 자아를 만든다고 한다. 그러나 디지털 매체의 발달로 저급한 성문화와 성 개방, 성 지식에 노출될 수 있는 약점도 없진 않다. 이런 시기에 아동문학은 사춘기와 사춘기적의 순수하고 순박한 성과 사랑을 수용하면서, 성과 사랑은 성장을 돕는 건강하고 아름다운 삶과 문화라는 것을 인식시켜나가야 한다.
 아동문학은 역설(paradox)의 문학이다. 쉬우니까 어렵다는 것이지만, 오직 동심을 어렵지 않게 녹여내야 한다는 것이다. 자칫 어른들의 소년소녀적 감상주의나 향수에 젖은 소재들로 포장하고 있지는 않는가?
 어린이들과 체험하고, 그들과 교류하고 소통하고 함께하는 문학이어야 한다. 진솔하게 그들의 입장을 이해하고, 그들의 생활이나 체험의 진면목을 절실하게 담아내면서, 그들과 공감하고 공유해야 한다.

어린이들은 정신적으로 미성숙하니까 아동문학은 건강한 심성을 기르면서 올바른 가치관 형성에 기여해야 한다. 사춘기의 포용은 모험일 수도 있지만, 이의 문학성을 획득하기 위해서 각별한 고민이나 노력이 필요하다.

이차성징이 빨라지면서 아동문학의 수용 범위도 한층 넓어졌다. 자칫 동심의 한계를 넘어서는 듯하지만, 이를 문학으로 제대로 수용될 때 동심의 문학성도 향상될 수 있으리라.

(『문학도시』 2022.5)

부산 아동문학을 돌아보다

1.

부산의 아동문학은 그 기반부터 잘 다져져 있다. 그 정신과 역사가 면면히 흐르고 있기 때문에 아동문학가들의 열정과 창작 의욕은 강하다고 할 수 있다.

이주홍(1906~1987)은 1925년 『신소년』에 「배암색기의 무도」를 발표한 것이 부산의 아동문학의 효시였다. 1929년 ≪조선일보≫ 신춘문예에 단편소설 「가난과 사랑」이 입선한 후, 소설, 동화와 동시 등을 꾸준히 발표한다. 손동인(1924~1992)은 1950년 『문예』에 시 「별리」로 문단에 나온 후 동화집 『병아리 삼형제』(1956)와 『꽃수레』(1960) 등을 발표하고, 최계락(1930~1970)은 1947년 『소학생』지에 동시 「수양버들」이 당선된 후 동시집 『꽃씨』(1959), 『철둑길의 들꽃』(1967) 등을, 조유로(1930~2004)는 1957년 ≪자유신문≫ 신춘문예에 시 「굴뚝의 윤리」가 수석 입선, 이듬해 ≪자유신문≫ 신춘문예에 동화 「어머니의 꽃밭」이, ≪동아일보≫ 신춘문예에 시조 「한연」이 당선되어, 시와 시조를 발표하면서 동시집 『하이얀 칠판』(1961), 『산 너머 온 편지』(1963) 등을 상재하고, 이영찬(1938~1994)

은 1959년 ≪경향신문≫ 신춘문예에 동화 「별과자와 가방」이, 그 해 ≪국제신문≫ 신춘문예에 동화 「착한 별들」이 당선되고, 동화집 『별과자와 가방』(1961), 소년소설집 『바다가 보이는 언덕』(1964) 등을 발표했다.

1958년 이주홍, 손동인, 최계락이 중심이 되어 '부산아동문학회'가 결성되었다는 기록은 본격적인 아동문단 활동을 시작했다는 증거다.

부산문인협회는 1962년 창립했다. 당시 등록된 부산 문인은 31명이었으며, 아동문학가는 이주홍, 손동인, 조유로, 최계락 등이었다. 이 때 이주홍은 부산문협 초대 회장, 아동문학분과위원장은 최계락이었으며, 조유로가 감사직을 맡았다.

60년대에는 박돈목(1922~2002), 성기정(1941~1983), 정진채(1936~2024) 등이 가세한다. 박돈목은 1960년에 『새소년』지에 동시를 발표하고, 동시집 『오동잎 우산』(1969) 등을 발간했으며, 성기정은 1962년 ≪한국일보≫ 신춘문예에 동화 「슬픈 메아리」가 입선하고, 1964년에는 동화 「빼앗긴 꿈」이 문화공보부 신인예술상 수석상을 차지한다. 정진채는 1965년에 시집 『꽃밭』을 발간했고, 1967년 ≪영남일보≫ 신춘문예 가작 당선으로 저력을 과시한다.

70년대에는 아동문학가들의 배출도 많아진다. 동시인 주성호, 선용, 공재동, 김용석, 박지현, 손월향, 김종완, 최만조, 강현호, 안수휘, 민홍우, 이지산, 박일, 이국재, 강구중, 이우철 등, 동화작가로는 강기홍, 김상남, 김문홍, 이금옥, 배익천, 최영희, 김재원, 윤옥자 등 그리고 동극작가 박원돈 등 문학가들이 탄생한다.

80년대는 이상문, 최영희, 김재원, 김종순, 김종완, 조명제, 손수자, 류석환, 서하원, 손월향, 김원자, 구옥순, 성성모 등 기라성 같은 작가들이 부산의 아동문학에 활력을 불어넣었으며, 90년대에는 소민호, 박선미, 정갑숙, 배혜경, 허명남, 안덕자, 김미숙, 차영미, 오선자 등 새로운 작가들이 두각을 나타내었고, 한정기, 배유안, 안미란, 은영, 황선애 같은 걸출한 동화작가를 확보하면서 사실상 동화를 중심으로 새로운 전기를 맞이했다.

2.

월간 『문학도시』는 부산문인협회 기관지다. 2022년 4월호 특집의 주제는 '부산광역시문인협회 60년을 회고하며'였다. 아동문학 부문은 공재동 시인이 「부산아동문학과 부산문협 60년」이란 주제로 발표했다.

공재동은 이 글에서 다음과 같이 회고한다. '정진채, 김향, 선용, 주성호 등을 중심으로 아동문학 단체 재건을 위해 논의를 거듭하던 중, 1972년 3월 박돈목을 초대 회장으로 부산아동문학회를 재창립했다. 1958년 이주홍을 중심으로 부산아동문학회를 창립한 지 15년이 지난 일이었다. 그러나 부산의 원로들이 참여하지 않았고, 충분한 논의가 부족했다는 지적이 나오자, 다음 해인 1973년 2월 10일 KBS홀에서 재창립 총회를 열고, 이주홍, 조유로를 고문으로 하고 정진채를 회장으로 하는 부산아동문학회가 새롭게 발족했다. 사무국장은 선용, 감사는 박돈목, 심군식이 맡았다. 강태기, 공재동, 김상련, 김용석, 김용호, 김향, 박돈목, 박원돈, 선용, 신택용, 심군식, 이금옥, 주성호, 최향숙, 황하주가 정회원이었고, 심사를 거쳐 (심사위원 이주홍, 주유로, 정진채) 초대회원으로 김용석, 김용호, 안수휘, 최향숙 등이 참여했다. 부산의 아동문학인이 모두 합류한 명실상부한 부산의 아동문학 단체로 재창단의 수순을 밟았다.'[1]라고.

부산아동문학인협회 카페 '부산아동문학의 맥' 방에 '선용 시인 편(김문홍 대담)'이 실려 있다. 선용 시인은 창립 당시(1972)의 상황을 '박돈목 선생님이 회장, 정진채 선생님이 사무국장, 저(선용)는 총무, 이렇게 하여 모임을 가졌습니다. 그때 김종목(김향), 노금섭, 김용석, 조청차랑, 얼마 뒤에 황화주 선생까지 합류했지만 다들 직장일로 모임이 잘되지 않았는데, 1년 뒤쯤 다시 모여 정진채 선생님이 회장이 됨으로써 동인 모임에서 명실공히 부산아동문학회가 탄생'[2]했다고 술회하고 있다.

부산아동문학회는 1973년 5월에는 제1회 부산 어린이를 대상으로 '부산어린이 글잔치' 작품을 공모해 시상했으며, 9월에는 부산아동문학회 연간집 제1집 ≪부산아동문학≫을 발간했다. 이 책은 이주홍의 표지 글씨에다 조유로의 표지화로 꾸며졌다. 창간을 축하한 단체로는 제일 먼저 '한국문인협회 부산지부(지부장 박문하)'가 있고, '한국예총 부산지부(지부장 허창)', '부산아동예술문화단체총연합회(회장 조유로)', '부산 글짓기 지도회'(회장 이주홍) 등이었다. 이렇게 시작한 부산아동문학회는 1974년 연간집『부산아동문학』제2집을 발간할 때까지 정진채가 회장을 맡아 동분서주하며 굳건한 발판을 마련했다. 연간집은 1년의 공백을 거쳐 1976년 제3

---

1) 공재동,「부산아동문학과 부산문협 60년」『문학도시』제231호(2022. 4), pp.31~32.
2) 부산아동문학인카페,「부산아동문학의 맥」, 선용 편(김문홍 대담)

집인『모래성』을 발간한다.3)

1977년에는 회원간의 불협화음이 생기면서 아동문학 단체가 분열(부산아동문학회와 부산아동문학가협회)한다.

공재동은 그 때의 상황을 다음과 같이 술회한다. '1977년 9월 16일 광복동 목마다방에서 김상남을 중심으로 부산아동문학가협회가 새로 창립되었다. 김상남은 아마추어와 프로가 섞여 있는 기존의 부산아동문학회로서는 동호회 이상의 활동을 기대하기 어렵다는 주장 아래 아동문학의 프로 정신을 내세우며 새 단체를 설립한 것이다. (중략) 새 단체인 부산아동문학가협회의 회장에는 김상남, 부회장에는 동극작가인 박원돈과 동화작가 한정규, 상임이사는 김문홍이었다. 그 후 두 단체의 회원들은 선의의 경쟁을 벌여 가시적인 성과를 거두기도 했지만, 남북 관계처럼 서로 불편한 사이로 1984년 12월 22일 통합할 때까지 8년 동안 두 단체의 보이지 않는 갈등이 불가피했던 것이 사실이다. 1983년에는 광복동 향원다방에서 부산아동문학회와 부산아동문학가협회가 공동으로 동시화전을 개최하면서 그동안의 소원했던 관계를 청산하는 계기를 마련했으며, 이듬해인 1984년 9월 향파 이주홍의 대한민국문학상 수상 축하연에서 두 단체의 통합이 논의되었다.'4)

그러다가 1984년에 부산아동문학협회(1993년 부산아동문학인협회로 개칭되어 현재까지 이름)로 다시 통합(통합 회장 이주홍)되었다. 두 단체가 치렀던 행사도 통합을 이루었다. 회보 발간은 물론『무지개 뜨는 바다』(1984)를 필두로 매년 연간집(부산아동문학우

---

3) 공재동, 앞의 평론, p.32.
4) 위의 평론, pp.33~34.

수작품집)을 발행하고, 현재까지 그 맥을 이어가고 있다.

부산아동문학인협회에 등록된 회원수는 147명(2024. 10. 10 현재)이다. 그중 동화작가가 100명이다. 2006년 7월의 회원수는 117명이었는데, 동화작가가 61명(약 52%)이었다. 회원수가 늘어나면서 2023년부터 연간집도 두 권으로 늘어났다. 박선미 회장의 발간사 일부를 옮긴다.

"회원 수가 늘어감에 따라 연간집의 새로운 방향을 모색하던 차에 동시·동화 장르에 따라 연간집을 두 권으로 만드는 일을 기획하고 추진했습니다. 이는 새로운 도전이자 우리 협회의 위상을 널리 알리는 계기가 되리라 생각합니다."라고 하면서 "협회는 앞으로도 아동문학의 사회적 역할에 대해 고민하고 회원들이 어린이와 어린이의 마음을 지닌 성인 독자들을 아우르는 훌륭한 작품을 창작할 수 있는 디딤돌이 되고자 노력하겠습니다."[5]라고.

아동문학은 동심 세계와 동심의 가치를 일깨우고자 창작한다. 그런데 동시라는 운문문학과 동화라는 산문문학을 포괄하고 있으니, '아동문학가'라는 명칭은 이 장르를 모두 섭렵한 분이라는 의미를 담고 있다.

김재원은 동시로 등단하여 동화작가로 활동하고 있고, 공재동은 장편동화 『소년유격대』를 발간했고, 강현호는 동화로 신춘문예를 뚫었다. 동화작가 강경숙, 박진희 등은 동시집을 발간했고, 김문홍, 손수자, 류석환, 김영호, 이순영, 박혜자, 안덕자, 허명남, 김동영, 박미라 등은 동화작가로 틈틈이 동시를 발표하고 있으며, 김자미, 전

---

5) 박선미,「든든한 디딤돌을 꿈꾸는 새로운 도전」『2023 부산아동문학인협회 우수 작품선집』부산아동문학인협회 엮음(2023. 12. 7), p.4.

자윤 등은 동시와 함께 개성이 강한 동화를 발표하고 있다. 이런 넘나듦이 아동문학이 퓨전문학으로 더 성숙할 수 있는 계기가 되리라. 아동문학의 주제는 동심이다. 문학의 본질이 동심이라면 아동문학은 그 본질을 규명하는 문학이다.

1979년부터 '부산아동문학상'을 제정하여 회원의 창작 의욕과 작품의 예술성을 높이는데 기여했다. 제1회 수상자는 선용이며, 제46회(2024) 수상자는 조윤주(동시), 이상미(동화)다.

회보 ≪부산아동문학≫은 협회와 회원들의 연간 활동을 소개한다. 제44호(2024. 6. 13)에 소개된 내용은 부산아동문학상과 부산아동문학신인상 심사 경위, 수상자의 소감, 수상작, 부산어린이글잔치 심사경위와 수상작 등이다. 회원동정에 소개된 신간은 동시집 13권, 동화집 31권, 청소년 소설 3권, 그림책 5권, 에세이집 2권 등이다.

1998년부터는 부산아동문학신인상 제도를 신설했다. 동시와 동화 두 부문에 걸쳐 공모제로 새로운 작가를 발굴함으로써 역량 있는 아동문학가들의 등용문이 됐는데, 제1회 수상자로 동시에 김승태, 동화에 황미숙이었다. 2024년 제27회 수상자는 이명희(동시)와 이유신(동화)이다.

수상자는 동시부문에는 박선미, 이민화, 박정숙(작고), 조무호, 정미혜, 김자미, 주순옥, 김성애, 이범숙, 박민애, 홍정화, 전자윤, 김대성, 오라경, 랄라 등이며, 동화부문에는 박혜자, 허명남, 이자경, 안덕자, 배유안, 우경신, 강숙, 양경화, 곽미영, 정희경, 황선애, 유영주, 최미정, 정현정, 김정애, 김영주, 박그루, 김여나, 정현진, 정영혜, 지숙희, 김하영, 김은하 등이다.

3.

 부산 아동문학의 주춧돌과 지주 역할을 한 동인의 활동도 기억할 만하다. 부산교육대학 출신 아동문학가들이 보리 물결 같은 풋풋한 기상으로 '맥파'동인을 선언(1976)했다. 창립회원은 공재동, 김문홍, 김재원, 김종순, 류석환, 손월향, 박연희, 주성호(작고) 그리고 최영희(작고) 등이었다. 이들은 90년대 중반에 활동의 휴면기가 있었지만, 문학 열정으로 다시 뭉쳐 동인지 제23집 『무지개 다리를 건너간 고양이』(2008, 해성)까지 간행하면서 저력을 과시했다. 2011년 2월 28일 해체를 선언할 때까지 무려 35년이라는 긴 세월 동안, 프린트판을 포함해 23권의 동인지를 발간하면서 아동문단사에서 한국 최장수 동시동인이라는 기록을 남겼다.

 1979년에 "우리들은 동심문학을 지키는 최후의 보루라는 오기와 자만심을 가지고 험한 길을 걸어가"고 있다면서 '산호초' 동인을 결성했다. 김문홍, 김재원, 이국재, 이우철, 이지산, 정한나 그리고 정진용 등이 창립 멤버다. 구옥순, 조명제 등 회원도 보완하며 매월 모여 작품에 대한 비평을 하면서 의욕적인 활동을 했고, 문고판 크기의 동인지 『산호초』도 제4호까지 발행했다.

 '5인의 동시'도 주목할 만하다. 매년 5월을 동시화전으로 맞이했는데, 1985년 4월에 선용, 강현호, 정영태, 박지현, 그리고 최향숙 등이 형제처럼 똘똘 뭉쳐 의미 있는 문학행사를 벌였다. 정영태, 박지현 대신 강구중과 배소현이 보완됐다. 이들은 매년 5월이면 동시화전과 더불어 동인지 『오월에 피는 꽃』도 발간하면서 아동문학의 본향인 동심을 고취하기 위해 애썼다. 동시화전 5회, 동인지 4집을 간행했다.

아동문학(또는 아동문화) 잡지의 발간은 부산아동문학의 자긍심이라 할 수 있다. 부산아동문학회는 기관지『부산아동문학』을 발간하면서 박지현, 안수휘, 김용석 등 동시인을 배출하기도 했다. 당시 부산에는 아동잡지『어린이 동산』(1972년 2월 등록)이 발간되고 있었는데, 발행인은 은종일, 주간은 선용, 편집인은 심군식 그리고 편집위원은 김향, 정진채였다. 당시 일일학습지 붐이 일었는데 그 학습지와 함께 가정에 배달하거나 학교에 보급하기도 했다. 월간지로 근 6년간 운영되다가 종간되었다. 육영재단이 어린이 복지사업을 하기 위해 어린이회관을 설립하고, 어린이 잡지『어깨동무』를 전국 학교에 보급하면서『어린이 동산』은 그만 설 자리를 잃고 말았다.

『어린이 문예』는 '어린이에게 꿈을, 청년에게 이상을, 가가호호에 보람을'을 표방하면서 부산 MBC 방송국이 1979년 유엔이 정한 '세계 어린이 해'를 맞아 8월에 창간한다. 교양 기사보다 아동문학 작품에 무게를 두면서 아동, 성인 잡지 통틀어 전국 최고의 원고료를 주었다. 또한 '아동문학대상'을 통해 신인 아동문학가를 배출했으며, 매년 한글날을 기념하여 어린이 백일장을 개최했고, 연말에는 '어린이문예대상'의 시상도 겸했다. 월간, 휴간, 격월간의 과정을 겪다가 2009년에 이르러 계간지로 바뀐다. 지금은 연2회간이다. 현재 통권 제273호(2024 여름호)가 발간됐으며, 편집 주간은 선용, 배익천의 바통을 박선미가 받아 지금에 이르고 있다. 어린이들의 글을 공모하여 시상하는 '어린이문예대상'은 현재 제41회 수상자를 배출하고 있다.

『동화문학』은 1990년 봄에 계간지로 등장한다. '믿음과 용기와 사랑을 심어주는 순수 문학지'라는 기치를 내걸고 동화작가 정진채의 편집주간으로 간행된다. 신인문학상 제도를 두어서 역량 있는 신인들을 배출하기도 했다. 1996년 겨울호(통권 제25호)로 종간된다.

『어린이글수레』는 발행인 최복자(동시인), 편집주간 소민호(동화작가)에 의해 2005년 봄에 계간지로 탄생한다. '어린이 문화가 숨쉬는 잡지'답게 아동문학은 물론 아동문화의 길잡이 노릇을 톡톡히 했다. 2009년 겨울호(통권 제20호)로 종간된다.

『어린이시조나라』는 발행인 서관호(시조시인), 편집주간 정희경(시조시인)에 의해 2010년 5월에 창간(연2회간)한다. 창간 목적은 '정형시(시조)를 이어가는 것'이었다. 사이버시조백일장, 찾아가는 시조교실, 교원시조연수, 어린이 암송 시조집 발간, 새싹시조문학상, 동시조신인문학상, 중국동포 초청 시조 세미나, 시조강좌 개설, 영역 동시조집 발간 등 시조를 국시國詩로 옹호하며 보급과 확산에 힘썼다. 2024년 10월 제30호를 발행하고 종간을 선언했다.

아동문학이 인간을 위한 기초문학이라는 인식을 심어주기 위해 계간 『열린아동문학』(창간 1998년 겨울호)이 2009년부터 부산에서 발행됐다. 편집주간을 맡은 배익천이 유경환의 유지를 이어받아서 부산에서 그 명맥을 이었다. 발행인 홍종관은 예술문화 메세나로써 자연횟집 '방파제'(민락동 소재)를 운영하면서 이 잡지를 인수했고, 아동문학에 남다른 지원과 활동을 아끼지 않았다. 2018년 경남 고성군 대가면으로 주소지를 옮겨, 사단법인 '동시동화나무의 숲'을 운영하면서 독서, 문학 강의 등을 겸하면서 아동문화의 메카가 되고 있다.

부산에서 전국 규모로 시행하는 아동문학상이 있다. 그들의 문학정신을 기리고, 문학적 성과를 계승 발전시키고 있다는 것도 부산문학의 자존심이 아닐 수 없다.

이주홍문학상은 1981년, 최계락문학상은 2000년에 제정됐다. 이주홍아동문학상은 한국문단의 거목 향파向破 이주홍의 문학적 업적을 기려 그가 재직했던 부산수산대 제자들과 동문-초대운영위원장 성기정-들의 성금으로, 최계락문학상은 그의 아우이며 기업가인 최종락의 출연금으로 제정됐다. 이주홍문학상은 아동문학가 위주로 시행하다가 2002년에 이르러 일반문학과 문학연구 부문까지 확대됐지만, 최계락문학상은 그 반대다. 2018년에 이르러 일반문학과 아동문학부문으로 이원화되어 시행했기 때문에 아동문학가의 수상이 많은 편은 아니다. 2022년에 문학연구부문이 추가되었다. 부산에서 제정된 문학상은 부산문화계의 활발한 모습을 보여주면서, 창작 의욕을 조장하고 고취하는 계기가 되었다.

한편 해강문학상이 1981년 제정됐다. 해강海崗 김성곤(한국청소년복지회이사장)이 개인재산을 기금으로 내놓아 시상했다. 이 상의 특징은 작가상 이외 소년상이 있었으며, 또한 발간비 지원도 있었다. 소년상은 부산 경남지역의 어린이에게 주어졌으며, 발간비 지원은 좋은 작품을 써놓고도 경제 사정으로 발간하지 못하는 작품의 발간을 지원하기도 했다. 후원이 끊기면서 제16회 시상식이 마지막이었다.

4.

 1990년대 중반 이후부터 부산의 동화문학은 전성기를 맞는다. 각종 신문의 신춘문예는 물론 '황금도깨비상', '눈높이 문학상', '새벗문학상', '황금펜아동문학상', 'MBC창작동화대상', '어린이책 작가상', '푸른문학상' '비룡소문학상' 그리고 '창비 좋은 어린이책 대상' 등 굵직굵직한 공모전에 부산 동화작가들의 이름을 만나게 된다. 그 여세는 앞으로도 계속되리라 전망한다. '글나라 아동문학 연구소'(소장 김재원)의 영향은 지대하다. 그의 연구소는 지금까지 수많은 동화작가를 배출했는데, 그의 문하에는 수많은 신인들이 등용의 기회를 기다리고 있다.
 이에 비해 동시 부문은 조용한 발전을 이어가고 있다. 2006년 계간 『오늘의 동시문학』이 비평가들의 추천을 받아 '오늘의 한국 동시를 이끌어가고 있는 작가 20인'을 선정했는데, 부산에서는 공재동이 그 영예를 차지했다. 2008년에는 그 잡지에서 한국 동시 100년을 조명하는 기획 특집으로 '한국 동시 100년에 빛나는 100편의 동시'를 선정했는데, 부산에서는 최계락의 「꽃씨」, 공재동의 「별」, 박지현의 「슬픈 어느 날」, 김종순의 「사과」, 이상문의 「나무와 새」, 그리고 박일의 「해와 꽃」이 선정되기도 했다. ≪조선일보≫에서는 2008년도에 현대시 100년 연속 기획으로 '한국인의 애송 동시 50편'을 선정하여 매일 아침 동심의 창을 열었는데, 부산 동시인의 작품은 최계락의 「꼬까신」과 공재동의 「별」이었다.
 동시문학의 활력을 불어넣기 위해 2009년 10월 '아름다운 동시 교실'(운영자 박일)을 열었다. 박일은 이 교실을 통해 동시문학을 접근시키면서 동시인을 양성시키기 시작한다. '아름다운 동심, 아름다운 동시'를 표방하면서 무가정신無價精神(무한한 가치가 있으니 값을 매길 수 없다)으로 무료강좌를 개설했다. 창주문학상, 천강문학상, 문학동네동시문학상, 혜암아동문학상, 전국동시문학상, 부산아동문학신인상 등을 비롯하여 ≪강원일보≫, ≪부산일보≫ 등 신춘문예 당선, 그리고 『아동문예』 『문학도시』 『어린이와문학』 등 문학잡지 신인상 당선 등 역량을 발휘하면서 부산 문단에 잔잔한 파도를 일으키고 있다.

아동문학평론은 아동문학을 제대로 이해하고 그 세계를 확산하는 일에 있어서 필요한 문학이다. 전문적인 평론가로 등단하지 않았지만 자신의 문학을 하면서 관련 평론을 발표하고 있다. 평론집은 정진채의 『80년대의 한국동화문학』(1989, 빛남), 공재동의 『아동문학 무엇이 문제인가』(1998, 부산출판사) 그리고 박일의 『동심의 풍경』(2021, 세종출판사), 동심의 시학(2022, 세종출판사) 그리고 『최계락과 조유로의 동시 읽기』(2023, 세종출판사) 등이 있다. 김문홍, 공재동, 배익천, 손수자, 최미혜, 류석환, 소민호, 김춘남, 박선미 그리고 이재민 등이 서평, 작품평, 아동문학 시론時論 등을 발표하고 있다. 특히 동시집과 동화집 두 권으로 발행하는 2024년 부산아동문학우수작품선집에 평론을 각각 실어 평론의 위상을 높였다. 동화집 『생각을 훔쳐보고 있다』에는 김문홍의 「동화 정원에 핀 갖가지 꽃들의 향기」가, 동시집 『수박귀신』에는 박일의 「동심의 정신, 동시의 표현」이 실렸다.

부산문인협회가 발간한 『부산문학사』 제1권(1997, 소문출판사)

에서 정진채는 「부산의 동화문학」, 공재동은 「부산 동시인과 그 작품들」 그리고 주성호는 「부산아동문단의 어제와 오늘」을 발표하면서 부산 아동문학의 역사를 비교적 소상히 밝혀 놓았다. 『부산문학사』 제2권(2009, 세종문화사)에서 박일은 「90년대 중반 이후의 부산 아동문학」으로 부산아동문학의 맥을 이어놓았다.

박일은 그 평론에서 '문명에 지친 현대인이 돌아갈 곳은 동심의 세계이기 때문에 아동문학-『반지의 제왕』『헤리포터의 마법사』와 같은 환타지 동화 포함-은 독자를 가장 많이 확보하고 있'다고 하면서, '부산의 아동문학도 푸른 바람과 푸른 그늘을 거느리며, 날로 싱그럽게 자라고 있다'[6]고 전망했다.

부산광역시문화상은 1957년에 제정됐다. 시상 부문은 인문과학, 자연과학, 문학, 공연예술, 대중예술, 체육 그리고 언론출판 등이다. 2024년 현재 제67회가 진행됐다.

그동안 문학부문에서 아동문학 수상자를 보면 제1회(1957) 이주홍, 제6회(1963) 최계락, 제36회(1993) 선용, 제40회(1997) 정진채, 제57회(2014) 공재동 그리고 제65회(2022) 박일 등이다. 이 상은 빛나는 문학 활동을 부산 작가 한 분에게 주는 상인데, 아동문학가의 수상은 아동문학의 위상이 그만큼 높아진 것이리라.

아동문학의 저력은 아동문학가들이 훌륭한 문학으로 대응한 결과에서 나온 것이다. 결국 아동문학은 아동을 위한 문학이며, 동심 세계와 동심의 가치를 일깨우고자 창작한다. 그래서 '긍정과 온정'의 문학이다.

---

6) 박일, 「90년대 중반 이후의 부산 아동문학」『부산문학사제2권』(부산문협, 2009. 12), p.243.

좋은 문학은 독자와 함께하고, 문화 모임이나 문화 공간 속에 있을 때 그 가치가 빛나는 것이라면, 부산아동문학 단톡방도 시대에 걸맞게 회원 간의 친목과 소통의 공간이 되고 있다.

5.

반세기를 지나는 동안 협회 활동과 개인의 창작 활동이 다양화되면서, 문학적 업적이 무성해지고 있다. 또한 위계질서가 딱 잡혀 있으니 선후배 간의 우애가 절로 솟아나고, 개인 창작 활동도 빛나고 있다.

부산아동문학은 커뮤니케이션이 잘 되고 있다. 2003년 8월에 문을 연 '부산아동문학인협회' 카페는 2024년 10월 말 기준으로 회원수는 1,046명이며, 동시와 동화의 발표는 물론 협회와 회원의 소식도 실시간으로 전달되고 있다. 특히 '아동문학 평론' 방에 김문홍은 '아동문학 통신' 등을 연재하면서 아동문학가들의 작품이나 작가 세계 등을 소신 있게 소개하고 있다. 한편 '글나라' 카페(카페지기 김재원, 회원수 3,427명), '아름다운 동시교실' 카페(카페지기 박일, 회원수 280명) 등이 아동문협 카페와 유기적인 관계를 유지하면서 폭넓게 아동문학의 세계와 창작 의욕 고취에 한몫을 하고 있다.

동화는 인간의 삶을 이야기로 재구성하는 것인 만큼 결핍, 창의적 상상력, 흥미 세 가지의 요소를 갖추고서 독자에게 다가서야 한다. 그러기 위해서는 섬세한 묘사와 서사를 통해서 인물의 내면과

외양을 형상화하여 긴장감을 주어야 한다.[7] 동화문학은 동시에 비하여 독자가 많고 시장성이 좋은 편이지만, 독자에게 다가가려는 끊임없는 노력이 문학성을 향상시킨다는 점을 염두에 두어야 한다.

2007년 김이구가 발표한 평론 「해묵은 동시를 던져 버리자」에서 우리 동시단이 지닌 문제점을 네 가지로 요약 제시했는데, 그것은 시적 모험이 없다는 점, 자기 작품을 보는 눈이 없다는 점, 비평다운 비평이 없다는 점, 타자와의 소통이 없다는 점이었다.[8] 김이구의 발언은 동시단에 반발을 불러오기도 했지만, 새로운 동시를 써보려는 시인들을 자극하고 격려하는 계기가 된 것은 사실이다. 부산의 동시도 시적 모험을 감행하면서 한층 독창적이고 개성 있는 동시 세계를 가져야 한다.

요즘 출산 장려를 위해 내건 구호가 '우리 아이, 우리 미래'다. 아동문학도 마찬가지다. 이제 '우리 아이, 우리 미래'를 위해 큰 사랑을 보내야 할 때다. '북콘서트' '찾아가는 문학 교실' 등 아동과 함께하면서 아동들과 함께 더 빛나야 한다.

피카소는 어린아이처럼 생각하기까지 일생이 걸렸다고 한다. 동심이야말로 진정한 인간의 모습이며, 최종의 정신세계라면 아동문학의 진정성은 동심으로 행복 지수를 높이는 일이 아닌가.

(2023 부산아동문학우수동시선집 『여름놀이터』, 수정보완 2024.10)

---

[7] 김종헌, 『우리 아동문학의 탐색』 소소탐탐 2019, p.247.
[8] 김제곤, 「2000년대 동시 흐름과 전망」 『동시발전소』 2019년 봄호, p.10.

운문적 요소와 그 장치
- 동시 창작을 위한 유형별 사례

건강검진을 한다. 문학인들 건강검진이 필요하지 않겠는가. 문진표를 작성한다.

'당신은 일주일에 며칠이나 강도 높은 문학 훈련을 하고 있으며, 그 시간은?'

문학 훈련이란 독서, 필사, 착상, 메모, 창작과 퇴고 등의 일련의 창작을 위한 과정이다.

"3×4는?" 아이가 대답을 못한다. 엄마가 "12야"라고 말한다.

'3×4=12'처럼 정답이 분명한 것은 지식이고 상식이고 과학이다.

'3×4=34'일 수는 없을까? 문학은 엉뚱한 대답도 가능한 특별한 문제다. 과학이 추구하는 가치가 진리라면, 문학(예술)이 추구하는 가치는 아름다움이다. 문학은 상상력에 뿌리를 두기 때문에 객관적인 실제 세계보다 오히려 허구 세계에 관심을 둔다. 그래서 과학은 실험과 관찰에서 얻는 보편적인 진리라고 한다면, 문학적 진리는 있음직한 가능성의 세계에서 획득한 예술적 희열이라 할 수 있겠다.

문학은 체험을 이야기 형식에 담아 표현한다. 서사성은 산문문학의 특징이지만, 서정문학도 이를 바탕으로 한다. 다만 서사적 정황(체험)을 운문적 요소에 대입하거나 운문적 장치를 이용하여 문학적 승화(형상화)를 이뤄내야 한다. 동시는 그렇게 창조된 아바타다.

　동시의 기능은 선하고, 아름다운 세상을 만드는데 있지만, 어린이들에게는 상상의 날개를 펴게 하는 일이다. 동시도 시詩다. 동시는 음악성(리듬)을 중시하지만, 현대시는 이미지의 시각화를 중시하며 회화성 위주로 흘러가면서 격차를 보이는 것은 동시문학 장르가 선명해지고 있다는 증거다.

　이 글은 동시 창작의 동기부여를 하고, 건강한 동시문학을 획득하기 위해 쓴 글이다.

1. 운문적 요소

1) 비유(은유)를 하라

　아리스토텔레스는 "명확하게 틀린 두 개의 사물 사이에서 동질성을 찾아내는 것이 시인의 능력"이라고 했다. 그러니까 두 관념의 차별에서 동일성을 찾는 수사법이 비유다. 비유를 모르면 낱말의 사전적 의미만 전달할 수밖에 없다. 시는 비유에 의존하여 태어났고, 성장하는 존재이기 때문에, 비유는 주요한 시적 요소다. 직유는 단순하고 부정의 의미도 내포하고 있어 피하는 게 좋고, 은유로 표현하도록 힘써야 한다.

봄비 그친/ 텃밭은/ 일학년 교실//
저요,/ 저요,/ 저요,//
왁자하게/ 손 내미는/ 새싹/ 새싹들.

- 공재동 「새싹」 전문

막내라서/ 동생 있는 친구가 부러웠는데/ 오늘/ 동생이 생겼어요./ 아주 특별한//
몇 달 전부터/ 물건 놔둔 곳을 몰라/ 깜박깜박하시던 할머니/ 며칠 전에는/ 금방 아침 드시고도//
밥 굶긴다고 엄마를 미워하시더니/ 오늘은/ 학교 갔다 오는 나를 보고/ 언니라고 불렀어요.//
나보다 일곱 배나 나이 많은/ 특별한 동생/ 아기처럼 잘 보살펴야 할/ 아주 특별한 동생

- 박선미 「아주 특별한 동생」 전문

2) 의인화(물활론) 하라

의인법은 무생물이나 생물에게 사람만이 가지는 감성(기쁨, 슬픔, 분노 등)을 부여하면서 시적 분위기나 주제를 띄우는 방법이다. 사물이 인간처럼 말하고 생각하는 물활론적 사고는 동심의 특징 중 하나인데, 이에 철저히 익숙해지면 벚꽃들의 눈웃음이 보일 것이다.

난/ 입이 있어도/ 누굴 흉보지 않아/ 누가 뭐래도/ 아무 때나 입을 열지 않지/ 꼭 다문 입/ 빨랫줄에 빨래가 널리면/ 내 입은 번쩍 열리게 돼/ 그리고 덥썩 문 빨래/ 함부로 뱉지 않지.

- 한상순 「빨래집게」 전문

우리 할머니가/ 산 속 마을/작은 무덤집으로 이사 간다.//
산에 사는 짐승들/ 풀꽃들은 참 좋을 거다/ 할머니랑 함께 살 수 있어서/ 날마다 할머니가 들려주는/ 옛날이야기 들을 수 있어서//
재미난 이야기 먹으며/ 무럭무럭 자라고/ 할머니의 자장가 들으며/ 토실토실 살찌고//
정말로 좋을 거다./ 오늘부터/ 우리 할머니의 손자, 손녀가 될 수 있어서

- 이성자「참 좋을 거다」전문

3) 화자를 통해 말하라

시 속에서 이야기를 이끌어가는 사람을 '화자'(서정적 자아. 이와 반대로 '청자'는 시적 대상임)라고 한다. 시인 자신이 화자가 되기도 하지만, 자신의 생각이나 느낌을 효과적으로 전달하기 위해 허구적인 대리인을 설정하기도 한다. 화자를 통해 감정과 정서를 대변한다.

찾았다// 찾았어// 행운!// 하지만//
네잎클로버에겐//
참/ 운 없는 날

- 권영욱「운수 좋은 날」전문

엄마는 나를 꼭 낳고 싶었대요/ 첫째가 태어났는데요/ 내가 아니더래요/ 그래서 둘째를 낳았대요/ 또 내가 아니더래요/ 마지막이라 생각하고 낳았더니/ 글쎄, 짜잔! 내가 태어났대요//
형들은 아직 몰라요/ 알면 엄청 슬플 거예요/ 그래서 나만 알기로 했어요/ 엄마랑 꼭꼭 약속했어요.

- 김미희「엄마가 나를 낳은 이유」전문

4) 어린이의 입장이 되어보라

아동문학이 어린이의 체험을 중시한다면, 어린이와 체험 활동한 시간은 중요하다. 어린이를 모르고 아동문학을 할 수 없다. 어린이가 되어보고, 어린이 속에 들어가 보고, 어린이 입장(화자)에서 이야기해야 한다. 어린이를 배재한 동심의 표현은 관념문학일 뿐이다.

> 내 짝이 벌을 섰다./ 운동장 열 바퀴다.//
> "선생님, 제가 다섯 바퀴 돌아 줘도 됩니까?"//
> 고개 끄덕이는 선생님을 보며/ 둘은 사이좋게 운동장 트랙을 돈다.
> — 구옥순 「벌」 전문

> 엄친아, 그 애/ 실컷/ 공부 잘 하라고 하세요.//
> 엄친딸, 그 애/ 실컷/ 상 많이 타라고 하세요.//
> 엄마 이마가/ 뜨거운 불판처럼 불불불 끓을 때/ 물수건 올려줄 아인/
> 엄마 다리에/ 쥐가 백 마리쯤 달라붙어 짜릿짜릿 못 견딜 때/ 살살살 주물러줄 아인//
> 엄친아도/ 엄친딸도 아닌/ 엄딸이라고요//
> 바로 나/ 엄마 딸
> — 오은영 「엄딸의 외침」 전문

5) 내 감정(느낌)을 억제하라

감각은 오관에 느껴지는 생리적인 것이라면, 감정은 그것에 의해 야기되는 희로애락의 마음이다. 퇴고 과정은 겉으로 드러낸 감정을 없애거나 감추며 다듬는 일이다.

학교 앞 사거리에 있는/ 장수 흑염소 건강원//
그 앞을 지날 땐/ 바닥만 보고 가게 된다//
장수, 좋은 말/ 흑염소, 귀엽고/ 건강원, 좋은 말//
좋은 것만 합쳤는데/ 간판 속 웃고 있는 흑염소를/ 똑바로 못 쳐다보 겠다

- 홍재현「장수 흑염소 건강원」전문

형이니까 도와줘라/ 동생 손잡아줘라/ 엄마가 시킬 땐 하기 싫었는데//
민호가 괴롭히자/ 바로 달려갔다/ "그만 해!"//
민호 눈 똑바로 보며/ 동생 손 꼭 붙잡고 왔다.

- 이서영「반사작용」전문

6) 주어진 현실(상화, 모양 등)-엉뚱한 상상을 해보라

  주어진 현실(상황, 모양 등)을 바꿀 수 없다면, 거기서 새로운 의미(시적 의미)를 찾아보는 거다. 새로운 세계(엉뚱한 상상)가 보일 거다.

항아리 뚜껑을 열자/ 항아리가/ 입을 크게 벌리고//
우와!/ 우와!//
오랜만에 보는/ 하늘이 너무 좋다고/ 입을 다물지 못하고//
우와!/ 우와!

- 오원량「우와! 우와!」전문

우리 가족은 밖에 나갈 때/ 현관문에서 꼭/ 고개 숙이고 허리 굽혀 인사한다//
-오늘도 잘 부탁합니다//
종일 함께 걸어갈 신발에게.

- 박예분「인사」전문

7) 언어유희도 가능하다

말장난 또는 말재롱이라고도 부른다. 동음이의어를 이용하는 경우, 비슷한 발음의 단어를 연속하여 각운을 맞추는 경우, 어울리지 않는 단어를 조합하여 새 말을 만들어내는 경우 등이다. 넌센스 퀴즈, 아재 개그 등도 언어유희다.

날마다/ 시도 때도 없다.//
사거리 우리 집/ 창문 밖/ 요란한 싸이렌 소리//
미안하다는 듯/ 구급차는/ 쏘리쏘리쏘리쏘리//
앞서 달리던 차들이/ 길을 만들어 준다.//
소음 아닌 소음이던/ 쏘리쏘리쏘리가/ 이제는 짜증나지 않는다.//
명절 전날 갑자기/ 몸을 다친 할아버지를/ 구급차가 응급실로/ 데려다 주었다.
  - 김춘남 「소리, 쏘리」 전문

파래는 때밀이//
쓱싹, 쓱싹//
담치 수염이랑/ 갯바위 붙은 때/말끔히 씻어주고//
바다 친구 모두/ 공짜로 때 밀어 준다.//
파래가 있어/ 바다는 언제나 파래.
  - 김이삭 「파래」 전문

8) 고정관념을 깨뜨려라

문학은 시인의 '미적인식'에 의해 재발견된 세계다. 그러나 익숙한 고정관념(지식과 상식)이나 이미 습관이 되었거나 편한 것(사은유), 누구나 알고 있는 상투적인 것이나 반짝이는 말(수식어) 등에 지배를 당하기도 한다. 그것은 상상력을 마비시키는 독버섯 같은 것이다. 과감히 버려야 한다. 매몰차게 이별해야 한다.

길 잃어버릴까/ 걱정 없는/ 골목길이지.//
애벌레한테는-//
꽃 피고/ 잎 지는/ 산책길이지//
애벌레한테는-
- 추필숙 「나뭇가지」 전문

추녀 끝에/ 물고기 한 마리//
죽었을까?/ 살았을까?//
바람이 살짝 건드려 봅니다.//
쨍그랑/ 쨍그랑//
물고기는 잔잔한/ 물결을 일으키며/ 맑고 고운 소리를 냈습니다.//
쨍그랑/ 쨍그랑//
죽은 물고기들/ 바람이 살려놓고 갔습니다.
- 최새연 「풍경소리」 전문

9) 발상의 전환도 필요하다

나비야,/ 불러 봐.//
포옥/ 안기겠지.//
그럼 넌/ 뭐가 되니?/ (꽃!)
- 손동연 「고양이의 이름엔 왜 나비가 많을까」 전문

애완동물을 기르는 이들이 많아졌다. 고양이의 경우 "나비야"라고 부르기도 한다. 나비는 꽃에 앉는다. 나비(고양이)가 나에게 안기면 나는 뭐가 되나? 유추란 간접 추리의 하나인데, 본질이 비슷한

점을 비교하여, 다른 속성도 유사하다고 하는 추론이다. 이런 유추도 발상을 전환시키는 요소다.

> 눈 오는 날 아침/ 길이 긴장한다.//
> 학교 가는 아이들/ 엉금엉금/ 길도 아이들을 꼭 잡고/ 조금씩 조금씩 놓아준다.//
> 시장가는 할머니/ 조심조심/ 길도 할머니 꼭 잡고/ 조금씩 조금씩 발을 옮겨준다.//
> 햇살 짙은/ 낮이 되어서야/ 길은 긴장을 내려놓았다.
> — 이재순 「눈길도 조심조심」 전문

시적화자가 아이들이나 할머니가 아니라 길이다. 화자를 바꾸니까 눈길 위로 걸어가는 이들이 조심하는 것이 아니라 오히려 길이 긴장하게 된다. 화자를 바꾸거나, 주체와 객체를 바꾸어보는 발상의 전환은 새로운 상상의 세계를 만날 수 있게 된다.

10) 사회나 환경의 문제점도 살펴보고 고민해 보라

경제문제는 먹고 사는 문제지만, 환경(생태)문제는 죽고 사는 문제다. 문학은 사회를 반영하는 거울이다.

> 날개 없는/ 새//
> 나뭇가지에/ 올라앉아//
> 하늘까지/ 쓰레기장이 되어 간다고//
> 펄럭이며 찢으며/ 깃발 시위하고 있다.
> — 졸시 「비닐봉지」 전문

골목대장이 된 바람 따라/ 온 동네 휩쓸고 다니는/ 우리 동네 문제아들//
비닐봉지/ 신문지/ 음료수 캔

- 김이삭「우리 동네 문제아들」전문

지구 온난화를 넘어 열대화라고 한다. 우리나라 자연생태계가 교란해지면서 연해에는 열대어들이 올라오고, 과일도 기후 따라 북쪽으로 이동하고 있다. 봄에 피는 꽃들은 피는 순서가 바뀌고, 가을 산에서 철쭉꽃이나 벚꽃을 보기도 하고, 한겨울에도 개나리꽃을 만날 수 있다.

가을인데 벚꽃이 피었다.//
계절도 모른다고/ 지구온난화가 심각하다고/ 걱정하지만//
벚꽃은/ 한 번도 보지 못한 가을을/ 느껴 보려고//
-이때다./ 용기를 낸 건지도 모른다.

- 박선미「용기」전문

11) 엉뚱한 생각(자연의 힘이나 현상의 재해석)을 해보라

'벚꽃나무에 장미가 피었다'고 하면 거짓말이고, '벚꽃나무는 빛나는 꼬마전구다'라고 하면 엉터리지만 그럴듯하지 않는가. 어쩌면 그럴듯한 엉터리가 시의 세계다.

힘이 솟아나고/ 땀이 흐르고 있는데//
푸른 날개/ 잠시도 쉬지 않고/ 훨-/ 훨-//
연습/ 또 연습//
저러다가/ 바다가 날아가 버리겠다.

- 졸시「바다」전문

나비와/ 벌과/ 개미에게//
밖에 나가 놀아도 된다고/ 알려 주어요.
- 박두순「봄이 하는 일」전문

2. 운문적 장치

1) 쉽게 써라

소통이 안 되면 쓸모가 없다. '쉽게'와 '저급'은 다르다. 동시는 쉽게 써야 한다. 어린이들과 소통이 될 수 있어야 하니까. 동시를 역설의 문학이라 말하는 것은 쉽게 쓰는 것이 어렵기 때문이다.

하나 둘/ 물속으로 걸어 들어가/ 다리가 되었다.//
뚜벅뚜벅/ 물속으로 걸어 들어가/ 길이 되었다.
- 박방희「징검돌」전문

고향 가는 길/ 보이지 않아서//
할아버지는/ 안경 안에/ 또/ 안경을 끼신다.//
통일되는 길/ 보이지 않아서//
할아버지는/ 안경 안에/ 또/ 안경을 끼신다.
- 졸시「할아버지 안경」전문

2) 길이에 신경 쓰지 말고 – 짧아도 좋다

운문은 짧고 리듬이 있는 문학이다. 이야기가 길어지면 귀담아듣지 않듯이, 동시도 길어지면 눈여겨보지 않을 수 있다.

이 한 몸 바쳐 반드시 세상을 환하게 만들겠습니다!//
공약 지킨 벚나무들

　　　　　　　　　　　　　　　- 남은우 「벚나무 나라 선거」 전문

물에 뼈가 있다.//
말에도 뼈가 있다.

　　　　　　　　　　　　　　　- 한상순 「서릿발」 전문

3) 재미있게 써라

인간은 놀이를 하고 있을 때 완전해진다고 하든가. 놀이는 재미와 연관된 것이다. 동시도 재미가 있어야 같이 놀아주는 사람이 생긴다.

식탁 위 음식들이/ 공부하러 갑니다//
1교시 : 입 안/ 2교시 : 위/ 3교시 : 소장/ 4교시 : 대장//
영양분이 되는 공식/ 피가 되는 원리//
그 어려운 수업/ 다 마쳤다고//
교실 밖으로/ 튀어나오며//
'수업 끝'이라고/ 외치는 소리//
"뽀- 옹"

　　　　　　　　　　　　　　　- 하빈 「수업 끝」 전문

찾았니?/ 옥의 t//
얼른 지워버려/ 티 나지 않게//
저런 t는/ 네게 어울리지 않아//
거 봐/ 지우니까 훨씬 낫지?//
I Can

　　　　　　　　　　　　　　　- 랄라 「I Can't」 전문

4) 독특하게, 암시나 긴장감을 주어라

애착과 긴장감을 가질 수 있도록, 말하고 싶은 것을 앞부분에서 풀어놓지 마라. 마음속에 떠오르는 감각적 영상을 이미지(심상)라고 하는데, 이를 잘 활용하면서 감각과 인상을 생생하게 할 수 있다.

> 우리 식구는/ 손이 없다//
> 우리 식구는/ 발이 없다//
> "막내야!"/ 부르기만 하면 된다//
> 엄마는 나를/ 심부름 시키려고 낳았다
>   - 김자미「입만 갖고 산다」전문

> 수업 시간마다/ 다리 떠는 주원이도/ 화장실 간다고 손드는 민재도/ 책에 낙서하는 솜이도// 오늘은 모두/ 의자에 등 딱 붙이고/ 똑바로 앉았다.//
> 진짜 모습/ 아무도/ 공개하지 않았다.
>   - 강기화「공개수업」전문

5) 긍정의 메시지가 좋다

아동문학은 온정과 긍정의 문학이다. 어린이들이 내 동시를 먹으며 자란다는 생각을 가지면 어떤 자양분을 주어야 하는지 알 수 있다. 희망과 꿈과 용기와 사랑이 동시의 주제다. 또한 사춘기가 빨라지면서 소재가 확장되었지만, 정서 수용의 한계를 넘으면 안 된다.

> 풀씨도 아니고/ 꽃씨도 아니지만//
> 풀잎 꿈 꾸는 곳엔/ 풀씨가 되고/ 꽃잎 꿈 꾸는 곳엔/ 꽃씨가 된다.//

마을도/ 봉의 꿈 꾸고 있다가/ 봄 봄/ 봄봄봄봄/ 흠뻑 적시는데// 또,/ 누구일까?/ 푸른 꿈 꾸는 아이….

- 졸시 「봄비」 전문

배우가 되고 싶은 사람이 있었어/ 그는 오디션에서 800번 떨어졌어/ 그러는 동안 연기 실력이 조금씩 늘었지/ 결국 헐리우드 스타가 됐어// 그 사람이 누구냐고?/ 영화 어벤저스의 주연 마크 러팔로야// 몇 문제 틀렸다고 슬퍼하지 말자/ 한두 번 넘어졌다고 울지 말자/ 괜찮아, 이제 시작인 걸/
아직 100번도 안 되는 걸, 뭐.

- 유은경 「800번 떨어진 사람」 전문

6) 근사한 제목을 붙여라

제목은 글의 간판이다. 제목이 1차적인 선택의 관문이다. 제목도 내용과 유기적인 요소로 작용하기 때문에 임보 시인은 '독자를 끄는 향기'라고 했다.

-가마/ 타고// 간/ 누나// -오마/ 없어/ 못 오나.// -오랑비/ 안 오고/ -가랑비/ 오네

- 조유로 「오마 없어」 전문

조선오이는/ 까칠까칠하게 살아 있고/ 조선호박은/ 아예 엉덩이 퍼질러 앉아/ 큰소리 떵떵 치고/ 조선간장은/ 슈퍼에 진을 치고 있어./ 조선 팔도에서/ 이렇게 눈을 부릅뜨고 있는데/ 어떻게 조선이 사라지겠어?

- 박해정 「아직 조선은 사라지지 않았어」 전문

7) 생각(관념)만으로 짜내지 마라

상상력은 창의력과 동거한다. 상상이란 예민한 연상작용은 이 외의 넓은 세계로 확장하고 변형시킬 수 있다. 생각만으로 짜낸 관념시보다 체험을 바탕으로 깔고 있는 체험시가 훨씬 감화력이 높다.

냉장고 문 열고/ 반찬 그릇 꺼내다가/ 그만 바닥에 쏟아버렸지/
걸레 가져다 이곳저곳 닦으며/ 문득 깨달았지/
걸레는 훌륭하다/ 남을 위해/ 이렇게 더러워지다니
- 김옥애 「훌륭하다」 전문

수박씨/ 호박씨/ 대추씨/ 분꽃씨/ 해바라기씨//
꽃과 열매가 고마워/ 사람들은 씨앗에게/ 존댓말을 합니다.
- 최영재 「존댓말」 전문

8) 리듬은 살리고

자유시가 운율을 소홀히 하면서 딱딱해지고 메마른 글이 되고 있다. 소월이나 미당의 시가 아직도 사랑받는 것은 운율의 힘이다. 동시는 리듬이 생명이다. 이를 잘 살려낸다면 전달력이 훌륭한 문학으로 자리매김할 것이다.

개나리 노란/ 꽃그늘 아래//
가지런히 놓여있는/ 꼬까신 하나//
아기는 살짝/ 신 벗어 놓고//
맨발로 한들한들/ 나들이 갔나//

가지런히 기다리는/ 꼬까신 하나

- 최계락 「꼬까신」 전문

구름이/ 감아 둔 실꾸리//
솔,/ 솔,/ 솔,/ 풀려 내리네//
가느다란/ 봄 빗줄기//
꽁꽁 언 겨울이/ 녹아내리네

- 이재순 「구름 실꾸리」 전문

9) 가급적 제목은 본문에서 보이지 않게

얼마나 애타게/ 기다렸으면//
한 발자국/ 한 발자국//
들길까지 내려와서/ 손짓하실까?//
가을 볕살에/ 까매진 얼굴로/ 하얀 머릿수건 쓰고//
논두렁에 올라서서/ 한길 쪽 건너보시는/ 우리 어머니.

- 권영세 「억새꽃」 전문

억새꽃이 들길까지 내려와서 손짓한다. 하얀 머릿수건을 쓰고 있다. 한길 쪽을 건너보기 좋게 논두렁에도 올라서 있다. 누군가를 애타게 기다리는 모습이 역력하다. 억새꽃은 누구인가? 바로 우리 어머니다. 은유로 표현한 억새꽃의 모습이나 특징만으로 어머니의 마음을 다 읽지 않았는가.

10) 인과관계도 감안하고

팔랑팔랑 나비들/ 놀러나왔다//
폴짝폴짝 방아깨비/ 놀러나왔다//

꼬물꼬물 지렁이도/ 놀러나왔다//
비온 뒤/ 쨍!/ 해가 불러내서.
- 신이림 「다 나왔다」 전문

나비, 방아깨비와 지렁이를 무엇이 불러냈는가. 비 그치고 햇살이 쨍 나타났기 때문이다.

내가 하는 일이/ 썩 달갑지는 않아//
그래도 누군가는/ 꼭 해야 하는 일//
힘들지만/ 즐거운 마음으로 해야지//
나 말고는/ 아무도 대신할 수 없으니까
- 최봄 「변기통」 전문

다다이즘은 제1차 세계대전 이후 반항과 부정으로부터 출발한 예술 활동이다. 다다이스트들은 기성의 모든 사회적 속박으로부터 해방되어 개인의 원초적인 욕구에 충실하려고 했다. 그래서 현대 미술의 아버지라고 일컬어지는 마르셀 뒤샹도 변기를 「샘」이라고 했던가. 그러나 인과관계가 무시돼서는 안 된다. 변기는 일이 괴롭고 힘들지만 즐겁게 할 수밖에 없다. 아무도 대신할 수 없으니까. 대수롭지 않게 생각할 수 있는 일상의 소재를 문학으로 잡아내는 안목이 인상적이다.

11) 잔소리를 삼가라

어린이는 어른의 종속물이 아니다. 폭포는 위에서 낮은 곳으로 흐른다. 잔소리도 한 쪽이 부족하거나 낮다고 생각하기 때문에 그 쪽으로 쏟아지는 폭포다. 어린이도 인격체라는 것을 의식한다면 높낮이가 있을 수 없다. 누구나 잔소리를 싫어하기도 하지만, 교훈(바르고 착하게)이나 당부(~해야 한다) 따위의 말은 해서는 안 된다. 이미지화하거나 비유를 통해서 얼마든지 그 뜻을 표현할 수 있다.

> 약수터 길/ 이른 새벽이 약수다/ 이슬 묻은 풀꽃이 약수다//
> 덤으로 받는/ 꽃향기가 약수다/ 새소리가 약수다//
> -안녕하세요/ -반갑습니다/ 오가는 인사말이 약수다/ 눈웃음이 곱빼기 약수다
>
> — 손동연 「약수」 전문

> 하얀 요정들이/ 자꾸/ 자꾸/ 내려오더니//
> 욕심쟁이/ 세상/ 하얗게 지워 놓고//
> 빛나는 글씨로/ 글을 쓴다.//
> -떳떳이 살아라./ -좀 바르게 살아라.
>
> — 졸시 「눈 내린 날」 전문

시인을 줄이면 신神이 되고, 신을 늘이면 시인이다. 시인과 신은 동의어다. 그렇다면 신의 말씀을 가장 잘 대변하는 분들이 시인이 아닌가. 시詩를 파자破字해 봐도 '언言'과 '사寺'다. 즉 '부처님의 말씀'이다.

삶이 메마르고 힘들어진다. 시의 힘은 무엇일까? 영화『죽은 시인의 사회』에서 키팅 선생은 "의술, 법률, 사업, 기술이 모두 고귀한 일이고 생을 유지하는데 필요한 것이지만, 시, 아름다움, 낭만, 사랑, 이런 것이야말로 우리가 살아가는 목적이라"고 외쳤다.

왜 쓰는 것일까? 내 생각과 감정을 전달하기 위해서다. 그렇다면

어떤 글이어야 하는가. 공감(감동)을 자아낼 수 있는 글이어야 한다. 시 속에는 혼이 담긴다고 한다. 그게 시정신이다. 동시 닮은꼴로 얼마든지 쓸 수 있다. 그러나 치열한 문학정신이 보이지 않는다면 그것은 맹탕일 뿐이다.

길 가의 돌멩이를 주워 탑을 쌓기도 한다. 형상화란 돌멩이(소재)를 탑(작품)으로 변화(창작)시키는 일련의 행위다. 내가 쓴 글이 돌멩이 그대로 있다면 형상화 과정을 거치지 못한 것이다. 문학은 형상화 과정을 거쳐 이룩한 탑이다.

가끔 백화점에 들러 상품을 사기도 할 게다. 어떤 상품을 고르는가. 가성비를 생각한다. 작품도 마찬가지다. 작가의 노력(가격)과 작품(성능)성이 좋아야 읽어지고 선택받는다.

임보 시인은 좋은 시의 조건을 소통, 아름다움, 새로움, 재미, 긍정적인 영향 그리고 시정신으로 보았다. 좋은 동시도 마찬가지다. 좋은 동시가 건강하고 아름다운 사회를 만드는 초석이다.

워즈워스처럼 하늘의 무지개를 보면서 가슴 설레고, 어린 날의 경이감을 깊이 간직하며 늘 그런 동심으로 살았으면 좋겠다.

(『한국예인문학』 2024. 봄호)

동심의 정신, 동시의 표현

1.

동시가 대세인 듯하다. 동시전문지 격월간『동시마중』(2010. 5/6 창간), 계간『동시먹는 달팽이』(2018. 봄 창간)와『동시발전소』(2019. 봄 창간)가 동시 발표 지면을 넓혔으니까.

부산아동문학인협회에 등록된 회원수는 147명(2024. 8. 16 현재)이다. 그중 동화작가가 100명이다. 동화가 동시보다 두 배 이상 많아졌다. 홈피가 개설된 2006년 당시의 회원수는 117명이었는데, 동화작가가 61명(약 52%)이었다. 20년 가까이 지나오면서 동화작가는 40명가량 늘었다. 동시 발표 지면이 늘었음에도 '동화쏠림' 현상이 나타나고 있는 것은 무엇 때문인가? 아마 독서와 출판 시장의 기반이 탄탄하기 때문일 게다.

회원수가 늘어나면서 2023년부터 연간집도 두 권으로 늘어났다. 박선미 회장의 발간사 일부를 옮긴다.

"회원 수가 늘어감에 따라 연간집의 새로운 방향을 모색하던 차에 동시·동화 장르에 따라 연간집을 두 권으로 만드는 일을 기획하고 추진했습니다. 이는 새로운 도전이자 우리 협회의 위상을 널리 알리는 계기가 되리라 생각합니다."라고 하면서 "협회는 앞으로도 아동문학의 사회적 역할에 대해 고민하고 회원들이 어린이와 어린이의 마음을 지닌 성인 독자들을 아우르는 훌륭한 작품을 창작할 수 있는 디딤돌이 되고자 노력하겠습니다."라고.

아동문학은 동심 세계와 동심의 가치를 일깨우고자 창작한다. 그런데 동시라는 운문문학과 동화라는 산문문학을 포괄하고 있으니, '아동문학가'라는 명칭은 이 장르를 모두 섭렵한 분이라는 의미를 담고 있지 않은가.

아동문학의 주제는 동심이다. 동시라는 그릇에 오롯이 담긴 동심의 정신을 읽는다.

2.

동심은 시적인 것의 본질이다. 진정한 인간의 모습이 동심이기 때문에 문학은 이를 찾기 위한 노력을 계속하고 있다. 사회화 과정에서 잃어버린 그 동심을….

동시를 읽으며, 동심을 발견한다. 동심이 이쯤은 돼야 동시일 수 있겠다는 생각이 든다.

  텃밭에
  옥수수를 키웠다.

  옥수수가 열렸다.

엄마는 옥수수나무가
아기를 업고 있다고 했다.

그 아기는
수염이 나 있었다.

- 김종완 「내가 웃는 이유」 전문

옥수수를 키운다. 옥수수가 열린다. 엄마가 말한다. 옥수수가 아기를 업고 있다고. 그런데 내가 웃을 수밖에 없다. 수염이 나 있는 아기가 있는가. 이처럼 철없이 지껄이는 소리 같지만 그 속에 동심의 진실이 숨어 있지 않은가.

19C 영국 낭만주의 시인 새뮤얼 코울리지는 산문이란 언어를 가장 좋은 방법으로 배열해놓은 것이고, 시란 가장 좋은 언어를 가장 좋은 방법으로 배열해놓은 것이라고 말한 바 있다. 그처럼 동시인들은 가장 좋은 동심의 언어를 가장 좋은 방법으로 배열하고 있는 분이다. 그런데 작품 모두를 소개할 수 없는 이 곤혹을 어찌해야 할지.

강현호는 「모과」에서 못나도 엄마 눈에는 제 자식이 제일이라는 사랑을, 공재동의 「모래시계」는 '모래알 같은/ 짧은 순간이지만// 나는 당신을 위한/ 소중한 시간'이 될 거라 했고, 구옥순의 「무화과」는 '열매 속은/ 온통 꽃밭이다// 꽃이란 꽃은 몽땅/ 열매에게 다 줘버린/ 무화과나무'라고 하면서 울엄마를 닮았다고 했고, 김성애는 외롭게 뜬 별을 보며 '맑은 공기 속에서/ 고운 노래 부르는 새들과/ 예쁜 꽃이 웃고 있는/ 촌으로 가버렸니' 하면서 별들의 「귀촌」을, 김승태는 아침에 폈다가 저녁에 오므리는 「튤립」은 벌과 나비들에게 햇살 밥을 나눠주는 오목한 밥그릇이었고, 김정순은 「잡초라고 부르지 않을 게」에서 저마다 이름이 있는데 이름을 불러주어야 한다는 호명의 중요성을, 김춘남의 「무지개 꽃피는 아침」은 아침 유리창이 꿈빛깔로 물들면서 '무지개꽃 향기가/ 행복을 전해'주고 있었고, 문득이는 「담쟁이」처럼 구멍난 내 양말을 '할머니가 돋보기 쓰고/ 한땀 한땀/ 꿰매'는 할머니에게서 사랑과 정성을, 선용은 용케 자리 잡은 「틈」은 발아하면서 비좁고 위험해도, '그렇게 포근한 집/ 어디에도 없어/ 한 걸음 떠나지 않고' 행복하게 살고 있다면서 가족의 사랑과 집의 소중함을, 이둘자의 「동백나무 식탁」은 '반짝이는 잎사귀 식탁보 위에/ 차려진 밥상'인데 아기 동박새의 식탁이었고, 전자윤은 친구의 진정한 의미를 「먼나무」에서 찾는다. 먼나무는 5~6월에 연한 자줏빛 꽃이 피고 가을에 붉은 열매가 열리는데, 이때만 찾아오는 새들을 친구라고 할 수 있을까 하고, 정갑숙의 「선물」은 자연의 섭리다. 어둠이 내리면 '산이 나무를 안아주고/ 나무가 새를 안아'주고, 아침이 되면 '해가 풀꽃을 깨워주고/ 풀꽃이 풀벌레를 깨워'주니까. 정재분은 낮에는 바위의 모자가 되고, 밤에는 바위의 이불이 되어주는 「담쟁이」에서 사랑을, 차영미는 개개비 둥지에서 알 다섯 개를 발견하고 「마음에 담아가기」 할 수밖에 없는 상황에서 시인의 따스한 마음을, 최만조는 「남새밭에서」 봄상추 뽑아와서 비빔밥해서 같이 먹자고 순이를 조르는 추억의 시간을 소환한다. 최복자의 「오월의 풍경」은 어제 핀 벚꽃들이 늦잠을 잤나 보다. '하품 노래 바람에 날아/ 하얗게/ 하얗게/ 하늘을 꽃 피운다.'라고 벚꽃을 노래했고, 하빈의 「모과」는 '엄마와 내가 모과처럼/ 마주 보고 웃으면/ 집안 가득 번지는/ 노란 향기'라고 하면서 모과에서 향기나는 가족과 동심 세상을 그려냈다.

　서정시란 시인의 생각과 감정을 표현한 문학이지만, 개인적인 체험이 바탕이 되지만, 체험했다고 모두 시가 되는 것은 아니다. 아무리 아름다운 동심의 소재라고 해도 시인의 미적 의식에서 문학으로 재구성하지 않으면 안 된다. 새롭게 발견된 소재들을 새로운 시어로 직조하면서 감동으로 승화되어야 하니까.
　동시도 체험이 바탕이 되면 좋겠다. 그 체험이 아이들의 눈높이에 맞을 때 훨씬 공감력이 강해질 수 있으니까.

　　집에서
　　학교에서
　　학원에서
　　수없이 깎아 쓸 동안

　　연필이
　　내 손가락에
　　만들어 놓은 옹이
　　　　　　　　　　　- 김진숙 「공부 증명서」 전문

　손가락에 옹이가 생긴다. 그런가 보다 하고 넘길 수 있다. 그러나 그게 내 학업의 결과라고 생각하니까 「공부 증명서」가 되는 것이다. 이처럼 동시도 아이들의 체험이 실리니까 생동감이 느껴지지 않은가.
　김송필의 「할머니와 포경선」은 고래 잡으러 나간 아빠를 할머니가 기다리는 내용이다. 할머니의 말씀과 행동을 아이는 관찰자 입장에서 서사적으로 서술하고 있다. 김자미의 「별」은 '아장아장/ 걸어 다니는 별/ 넌 어디서 왔니?' 하면서 손주를 건사하면서 느낀 사랑의 마음을 별에 비유하여 담아냈고, 박민애의 「분리」는 아이들이 흔히 소외될 때의 심리 묘사다. 학부모 모임 등에 참석하고 돌아온 엄마가 다른 아이들과 비교하면서 털어놓는 말투 등이 기를 죽이기도 한다. 박선미의 「큰일났다」는 아빠가 이를 악물고 공부하라고 했는데, 호박엿을 먹다가 어금니가 빠져버렸으니 '어금니가/ 내 결심을 배신'하지 않았는가. 정말 큰일 났다. 박일의 「수박귀신」은 꿀맛 같은 수박맛에 홀려서 혼자서 냠냠해 버린 손주의 이야기다. 오선자의 「두근두근 칙칙폭폭」은 재미도 있다. 떨어져 사는 할머니와 손주가 서로 보고파하는 마음을 '두근두근 칙칙폭폭'으로 절묘하게 형상화했다. 오원량은 「지하철역에서」 빈자리 하나를 발견하고 노약자를 찾는다, 그 순간 어떤 누나가 앉아버린다. 잠시 난감해지지만 '하마 같은 누나도/ 많이 허약한가 봐.' 하면서 자위하는 모습이 얼마나 귀여운가. 이명희의 「금메달」은 고기잡이 나갔다 돌아온 아빠의 퉁퉁 불은 발이 우리 집의 금메달이라고 자랑한다. 임은자의 「밀림의 왕」은 흔히 겪는 아이들의 이야기다. 개학이 코앞인데 밀린 숙제를 어쩐담? '안 되겠다/ ㄹㅁ을 버리'면서 미리 준비하자고 하지만 '밀림의 왕'이 되어버린 걸 어쩐담! 정미혜의 「지구와 달」은 절친인 준이와 나의 이야기만은 아니다. 잘 지내다가 멀어지기도 하지만 결국 친구의 자리로 돌아오지 않는가. '지구와 달'처럼 지내는 친구들이 많아졌으면 좋겠다. 조윤주의 「무얼 먹을까」는 처음 시작할 때 두려움이 생겨서 '맛과 향, 모양을/ 알 수 없고/ 먹기가 쉽지 않지만// 일단 먹고 나면/ 마법처럼 강해지는/ 바로 그것'이 '단단한 마음'이라고 일러준다. 차승호의 「그런데 곰은」은 자라는 아이들의 이야기다. 떨어지는 꿈을 꾸면서 마음이 내려앉기도 하는데, 겨울잠을 자는 곰은 계속 낭떠러지에 떨어지는 꿈을 꾸면서 떨어지고 있을 텐데 걱정이 앞선다.

독특한 소재로 동시의 격을 한층 높인 작품도 몇 편 있었다. 이는 신비성이 있어 호기심과 탐구심을 자극하고 배양하는 구실을 다하리라 믿는다. 동시도 상상력의 문학이니까.

> 똥을 퍼부어 머리를 만든 게냐!
> 할머니 욕은 웃음 터져요 귀한 밥
> 먹고 똥 같은 생각이나 한다는 거죠
> 그런데요 할머니, 똥으로 만든 나라가
> 있대요 어휴 진짜라니까요 태평양에 있는
> 섬나라 나우루는 새가 눈 똥이 산호초에
> 쌓이고 쌓이고 또 쌓여 된 나라래요
> 그뿐일까요? 시간이 흐르고 흘러 새똥이
> 인광석으로 변했다는데요 그게 전 세계가
> 탐내는 귀한 자원이라니 할 말 다 했죠
> 처음엔 똥이었지만 똥 아닌 것이 된 거죠
> 나우루는 모두가 부러워하는 부자 나라가 됐어요
> 그러니까 지금은 시시해도 나중에 뭐가 될지
> 아무도 몰라요 할머니도 그러셨잖아요
> 어느 구름에 비 든 줄 모르는 거라고
>   - 강경숙 「똥 아닌 것이 되는 똥」 전문

똥은 오물이다. 그런데 이 똥이 섬나라 나우루를 살린 자원이라니 얼마나 신기한가? 그것도 전 세계가 탐내는 자원이 되었단다. 나

우루 등 작은 나라와 자원에 대한 탐구심을 자극하는 계기가 될 수 있으리라.

강기화의 「원시인」은 상상력으로 그 시대까지 회귀하면서, 죽음 앞에서도 함께 모여 노래하고 춤춘 시인을 보았다. 상상력의 힘이 얼마나 위대한가를 보여준다. '아름다운 것은 엉뚱한 곳에 있다'는 보들레르의 말이 크게 들린다.

랄라의 「머리 vs 대가리」는 우화다. 흔히 쓰는 언어는 언중의 습관일 뿐이지만, 시인은 그 속에서 기특하게도 같은 의미의 다른 언어를 찾아낸다. 우리말에 대한 관심이나 연구를 하게 하는 계기를 줄 수 있으리라.

3.

하얀말은 까만말이
까만말이라서 좋아

까만말은 하얀말이
하얀말이라서 좋아

둘이 꼭 안고
회색말이 될 수도 있었지만

줄무늬 멋진
얼룩말이 되었대

— 강기화 「멋진 하나」 전문

제44회(2022) 부산아동문학상 동시부문 수상작이다. 검정과 흰색이 혼합하면 회색이다. '회색분자'란 노선이 뚜렷하지 않은 사람이다. 그러나 얼룩말은 저마다 '줄무늬 멋진' 선명한 색깔을 가지고 있다. 회색으로 동화되지 않고, 줄무늬처럼 개성과 자존감을 살리고 있다는 것이다. 어쩌면 부산아동문학은 저마다 줄무늬 멋진 활동으로 '멋진 하나'가 되고 있지 않은가.

반세기를 지나는 동안 부산아동문학은 부단히 발전했다. 내면화 과정을 거치고, 협회 활동과 개인의 창작 활동이 다양화되면서, 문학적 업적이 무성해지고 있다.

부산아동문학은 줄무늬 멋진, 「멋진 하나」를 이루고 있다는 것이다. 또한 위계질서가 딱 잡혀 있으니 선후배 간의 우애가 절로 솟아나고, 개인 창작 활동도 빛나지 않은가.

그러나 동시문학은 제대로 가고 있는가? 동심을 앞세워 어른의 감성이나 추억에 젖으면서, 일반시 같이 난해해지고 있는가 하면, 동시 특유의 리듬의 아름다움, 짧고 쉬움, 재미와 재치 등, 아이들 웃음 같은 참신한 매력도 잃어가고 있는 것은 아닌가. 그나마 부산의 동시는 개성 있는 동시로써 동심의 정서를 잘 담고 있어 안심이 된다.

요즘 출산 장려를 위해 내건 구호가 '우리 아이, 우리 미래'다. 아동문학도 '우리 아이 우리 미래'를 위해 존재하는 것은 아닌가.

테레사 수녀는 '사랑보다 더 큰 힘은 없다'라고 했던가. 동시로 하트 뿅뿅 큰 힘을 보내고 있다.

(2024 부산아동문학우수동시선집 『수박 귀신』)

최계락의 동요

1. 동요의 생성

　1925년을 전후한 시기를 '동요황금시대'라고 부른다. 1923년 방정환이 창간한 『어린이』가 그 기틀을 마련한다.
　방정환은 어린이를 향해 '씩씩하고 참된 소년이 됩시다. 그리고 늘 서로 사랑하며 도와갑시다'라고 외쳤다. 이는 당시 천도교소년회 표어이기도 했다.
　2023년은 방정환이 어린이날을 만든 지 백 년이 되는 해고, 2024년은 작곡가 윤극영이 「반달」을 발표한 지 백 년이 되는 해다.
　방정환은 어른들이 아이들을 '애놈' '애새끼' 등으로 얕잡아 부른 풍조를 측은하게 여겨 '젊은이'처럼 어린이들을 높임말로 대접해서 불러주기 위해, '어린이'라는 용어를 지었다. 1923년 소파 방정환을 중심으로 『어린이』지가 창간되고, 색동회가 창립되면서 아동문화운동도 활발하게 전개된다. 이 활동의 일환으로 동요 작품이 작곡되고 불려지면서 동요 문학의 전성기를 이룬다.
　1923년 7월 23일~7월 28일. 색동회는 서울에서 '전조선 소년지도자대회'를 열었다. 이 행사는 '소년운동을 진흥코자' 보통학교 교사와 어린이지도자, 각 유치원 보모들이 모여, 한 주일 동안 열린 '어린이 문화 심포지엄'이었다. 특히 앞날의 우리 동요의 방향에 대하여 윤극영, 정순철, 진장섭이 주제 발표를 했다. 이를 계기로 남녀노소 구분 없이 불러오던 '창가'의 범주에서 탈피하고, 어린이 정서가 샘솟는 '창작동요'를 제창하여 '음악사의 분기점'을 마련하였다.[1]

작품의 교졸巧拙이나 형식은 그리 큰 문제가 되지 않았고, 주권 상실 하에서 민족의식을 고취하거나 억눌리고 학대받고 슬프고 가난한 사람의 마음을 함께 하는 작품이면 독자에게 무리 없이 읽혀졌기 때문에 1925년을 전후해서는 전례 없는 동요황금시대가 이룩되었다. 방정환의「형제별」, 윤극영의「반달」, 한정동의「두름이(따오기)」, 이원수의「고향의 봄」, 윤석중의「오뚜기」, 서덕출의「봄편지」 등 헤아릴 수 없는 동요들이 작곡되어 국민개창가요화國民皆唱歌謠化 된 것도 이 시기였다.[2]

지금도 애창되는 방정환의「형제별」,「귀뚜라미」, 윤극영의「반달」,「설날」, 윤석중의「짝짜꿍」, 한정동의「따오기」, 이원수의「고향의 봄」, 서덕출의「봄편지」, 류지영의「고드름」 등은 이 시대의 작품들이다. 당시 동요 문학이 전성을 이룬 기반은 어디에 있을까? 이재철은 동요문학의 전성기를 가져온 이유[3]를 다음과 같이 설명한다.

첫째, 동요문학이 아동문화 운동이라는 폭넓은 민족 운동의 일환으로 전개되었다는 외부적 조건에 기인한다.

---

1) 김춘남,「2024, 응답하라, 동요!」『문학도시』(2024. 5월호), p.25.
2) 이재철,「아동문학의 형성」, p.575.
3) 이재철,「한국 현대 동시 약사」, pp.14~15.

둘째, 음악과의 불가분한 관계에서 전개된 창가唱歌의 전통을 그대로 전수받았다는 전통적 조건에 기인한다.

셋째, 동요 자체가 지닌 호소력이 당시의 시대적 분위기와 부합할 수 있었다는 내부적 조건에 기인한다.

1892년에 우리말로 번역된 『찬송가 가사집』이 우리나라에서 처음 발간한 음악서적인데, 찬송가도 우리 동요 발전에 지대한 영향을 끼쳤다.

동요는 어린이의 감정이나 느낌을 나타내는 어린이들의 노래로서, 어린이의 순수한 감정을 표현하고 모두가 쉽게 따라 부를 수 있는 노래라고 정의할 수 있다. 우리나라 동요는 음악이 도입되기 전인 1885년 이전의 전래동요(구전동요) 시대와 양악이 도입된 후 창가가 널리 창작·유통되던 창가시대, 1920년 이후로 동요와 가곡 및 가요가 분화되면서 새로운 악곡들이 작곡되던 창작동요 시대로 구분할 수 있다.4)

그러니까 창작동요는 전래동요, 찬송가와 창가 등의 영향을 많이 받았다. 동요의 기본 율격은 7·5조인데 6·5조, 8·5조의 형태를 보이기도 했다. 7·5조는 일본의 창가에서 비롯된 외래 율격이지만 우리의 정서와 맞았기 때문에 저항 없이 수용했다.

창가는 신체시의 모태가 되기도 했지만, 문학의 형식으로 신체시와 현대시로 발전했고, 음악의 형식으로 동요에도 지대한 영향을 주었다.

1910년대의 문학은 오늘날처럼 성인문학과 아동문학의 자각도 이루어지지 않았고, 이동문학의 본질에 관한 진지한 탐색 및 자각

---

4) 김정호·이순옥, 「정인섭 동요와 악곡 연구」 『인문논총』 56권 3호, 2021, p.48.

도 기대할 수준이 아니었다. 단지 문학은 문명을 예찬하고, 민족의식을 고취하는 하나의 표현 수단에 지나지 않았다.[5]

당시 서구 문학 이론이 소개되면서, 현대적 의미의 내용과 형식을 갖추기 시작했지만, 형식은 동요풍에서 크게 벗어나지 못했다. ≪태서문예신보≫(1918.11)에 발표한 김억의「봄은 간다」도 7연 14행의 서정적 자유시인데 정형률에서 벗어나지 못했지만, 자유율로 나가기 위한 과도적 형태를 보여준다. 시론의 확립과 자유시를 위한 실천과 정진은 김소월, 한용운 같은 걸출한 시인을 배출하기도 했다. 김소월의「진달래꽃」도 3음보를 유지하면서 7·5조의 리듬이 살아있는 노래였다.

동요의 특성은 정서의 친숙함이다. 시는 거듭 읽어서 의미를 파악할 수 있지만, 노랫말은 전달력이 생명이기 때문에 깊은 사고를 요하지 않는다. 이런 특성 때문에 시작詩作 기법을 모르는 어린이나 청소년들도 일정한 형식에 맞춰 동요를 창작할 수 있었다. 덕분에 1923년에 창간한『어린이』등 아동문예지와 일간지에는 어린이 청소년 독자들의 동요 투고가 활발히 이루어졌고, 소년 문사들의 등단 관문이 되면서 동요는 아동문학의 대표 장르로 확고히 자리 잡았다.[6]

『어린이』는 1923년 3월 소파 방정환에 의해 창간된 어린이 문예지다. 이 잡지에 매호 4·4조, 7·5조의 동요와 악보를, 때때로 동요 이론 등을 실으며 동요 장르 개척에 온 힘을 기울였다.『어린이』가

---

[5] 황수대,「1930년대 동시 문학의 전개 양상」『동시 먹는 달팽이』제25호(2024 봄), p.30.
[6] 김용희,「한국인이 사랑하는 동요, 내 마음의 노래」『아동문학평론』제190호 (2024, 봄), p.42.

창간되고, 동화·동요·동극 등 장르 체제가 확립되면서, 한국의 아동문학은 비로소 성인문학과 구별되는 본격 문학으로서의 면모를 갖춘다. 이를 계기로 동화와 동요에 관한 다양한 이론이 전개되는데, 방정환의 「새로 개척되는 '동화'에 관하여」(『개벽』 1923,1월호)와 버들쇠(유지영)의 「동요 지시려는 분씌」(『어린이』 2024,2월호) 가 그 대표적이다.[7)]

김태오는 「동요잡고단상」(≪동아일보≫ 1919,7,1~5)에서 '동요란 것은 예술적 냄새가 풍부한 어린이들 놀애이니 아름답고 깨끗한 딴 세계(환상세계)에 대하야 무한히 동경하는 마음이 어린이들 흥미에 꼭 들어마저'야 한다며, 기존의 창가는 '교훈 내지 지식을 너허 주겟다 목적한 공리적公利的 가요이기 때문에 아동의 감정생활에는 하등의 교섭交涉이 업섯다'라고 비판했지만, 창가가 동요에 영향을 끼쳤다는 것을 인식하고 있다.

동요선구자들은 백 년 전 그 척박한 황무지를 개척하여 우리말로 된 동요의 씨앗을 뿌렸다. 그것은 대혁명이었고, 우리의 고귀한 유산으로 존재한다. 그러나 지금 우리 시대는 동요를 잊어버리는데 그치지 않고, "요즘 누가 동요를 부르느냐"는 식으로 터부시하거나 시대적 흐름으로 간주하기도 한다. 물론 문화적 흐름, 시대적 흐름은 무시하기 어렵다. 그것은 숨 막힌 일제강점기를 살아야 하는 우리의 역사로서 우리 민족의 눈물을 닦아 주었고, 쓰라린 겨레의 가슴을 다독여 주었던 힘이었다.[8)]

---

7) 위의 평론, p.32.
8) 박정선, 「이제는 동요 부르는 날을 만들어야 할까?」 『문학중심』 제9호(2023 상반기), p.20.

동요황금시대가 지닌 하나의 특색은 작품의 구조가 애상적 감상주의로 일관되었다는 사실을 들 수 있다. 계급적 사회주의 리얼리즘을 표방한 좌익계열의 작품이나 천사적 동심주의를 지향한 우익계열의 작품이나를 할 것 없이 그 동요가 드러내는 정감은 감상적 요소를 밑바닥에 깔고 있었다. 이는 당시 조국 상실의 패배의식에 물들었던 사회 상황, 성인문학을 풍미한 퇴폐주의 문예사조의 영향에 의한 소박한 감상적 민족주의의 반영이기도 했지만, 또한 그것은 성인 감정의 다시없는 배설 형태로서, 또는 비극적인 현실에 통탄하던 민중들의 위안물로서, 그 소임을 다했던 동요의 숙명적인 문학적 한계를 보여준 점이기도 했다.[9]

　당시 동시문학은 고도한 전문성을 갖춘 것도 아니어서, '동요=동시'라는 개념이 지배적이었다. 동요의 구조가 감상적 애상주의였지만 시대 상황이 동요를 부르게 했고, 동요를 통하여 카타르시스를 느꼈을 것이다. 또한 3·1만세 운동의 실패와 좌절은 퇴폐적이고 절망적이었지만, 압박과 설움을 달래고, 저항이나 카타르시스를 느끼려는 수단으로 동요가 필요했던 것은 아닐까.

　1930년대 중반 이후에는 동요가 노래의 속성을 벗어나 시적으로 창작되기 시작했다. 바로 동요시다. 이는 동요 시인이 동요를 시문학으로 확장시키고자 한 시적 욕망의 일환이었다. 강소천의 「닭」[10] (『소년』 창간호, 1937년 4월)은 4·4조의 음수율을 지키면서 닭이 물을 먹는 형상을 이미지로 간결하고 명쾌하게 표현하여 시적인 특성

---

9) 이재철, 「한국 현대 동시 약사」 『한국 동시, 어제와 오늘 내일을 읽다』 문학과문화, 2013, p.16.
10) 물 한 모금/ 입에 물고/ 하늘 한 번/ 쳐다보고// 또 한 모금/ 입에 물고/ 구름 한 번/ 쳐다보고 -강소천의 「닭」 전문

을 잘 살린 대표적 동요시다. 동요 시인들이 점차 문학성이 강한 동시로 눈길을 돌린데다가, 1940년대 들어서는 일제의 민족말살정책으로 우리말로 된 동요를 부를 수도 만들 수도 없게 되면서 결국 동요는 암흑기에 빠져들고 말았다.11)

1933년 윤석중의 『잃어버린 댕기』는 동시집의 효시다. 동시라는 용어가 처음으로 등장한다. 그러나 동요=동시라는 관념은 지워지지 않았다. '동시의 시운동'은 1930년대 후반부터 일어나고 있었지만, 1960년대에 이를 때까지 '동요=동시'라는 관념이 지배적이었다.

최계락이 동시를 쓰기 시작할 때는 동요의 분위기가 살아있을 때였다. 또한 동시와 동요의 엄격한 구분이 나지 않을 때였으니까 그가 인식한 시의 형태도 동요풍이었을 것이고, 그에 걸맞은 문학 활동을 했을 것이다. 그래서 그의 문학은 어린이들의 순수하고 진정한 마음을 잘 담아, 그들의 가치와 존재감을 드러내는데 기여한 것이었다.

2. 최계락의 동요

1920년대에 불려졌던 동요들은 감상주의라는 비판을 받기도 했지만, 봉건제도의 폐습에 의해 억눌렸던 동심을 해방시키고자 했던 그 시도만으로도 큰 성과를 거두었다고 할 것이다.

---

11) 김용희, 앞의 평론, p.49.

그러나 1937년 조선어 말살 정책은 중학교 조선어과를 폐지하고, 1940년 창씨개명으로 이어지면서 황국신민화 정책으로 이어졌다. 아동문학을 비롯한 문화운동은 거의 자취를 감출 수밖에 없었다. 30년대 아동문학의 육성에 일익을 담당해왔던 ≪조선일보≫ ≪동아일보≫를 위시한 일간지의 아동란(부록판)과 『가톨릭소년』 『소년』 등 아동잡지마저 자취를 감추었고, 『아이생활』 등 일부 종교 관련 잡지만 명맥을 이어오고 있었다. 일제 말기는 아동문학을 비롯한 문화의 암흑기였다.

최계락은 이에 개의치 않았다. 이미 동요풍의 형식에 익숙해지면서, 10대의 순수 동심으로 습작했다. 시는 리듬이 있는 글이라는 관념을 갖고, 운율을 사용해 리듬감을 살리는 동요 창작에 열중했다.

최계락 초기의 동요시는 방정환의 '학대받고, 짓밟히고, 차고, 어두운 속에서' 자라는 어린이들을 위한 문화운동의 승화이며 문화적 계승이었다. 1923년에 어린이날이 제정되었지만, 일제의 민족말살정책에 어린이들이라고 보호받고 대우를 받았겠는가. 해방을 전후해서 나타난 최계락의 동요문학이 비로소 어린이들의 순수하고 진정한 마음을 잘 담아, 그들의 가치와 존재감을 드러냈으니까.

이 시기는 시의 탐색기였기 때문에 세계와 현실을 긍정적으로 인식하면서, 감추어진 본질의 세계에 대한 탐색, 이상 세계의 추구, 피안에의 염원 등으로 이어지는 강한 주체의식을 보이기도 했다.

이 시대(광복혼미기)의 특징은 '동요 황금시대를 주축으로 한 해방 전의 문화운동이 문학 운동으로 바뀌자 율문은 질량면에서 산문에 크게 위축되어 발상의 유형성, 관습적 시어의 남용, 소재의 안이한 선택, 예리성의 결여, 정형률에의 편승 등에 의해 석일昔日의 동요

붐을 맹종하는 인상이었지만, 1930년대 후반에 일어난 자유 동시 운동의 계승으로 율문의 고식적인 방벽을 깨뜨리려는 개인적인 시도도 없지 않았다.'12)

최계락은 10대 초반부터 동요를 쓰기 시작했다.

1943년 『주간소학생』에 「조각달」, 1944년 『주간소학생』에 「해가 진 남강」 1947년 ≪문예신문≫에 「고갯길」, 『새동무』에 「새일꾼 어린이」, 「봄이 오면은」, 「보슬비」, 「허수애비」, 「이슬」 등, 『소학생』에 「봄바람」, 「수양버들」 등을 발표했고, 1948년에 ≪문예신문≫에 「외로운 고개」, 1949년 ≪어린이신문≫에 「구름은 조각배」, 『문학청년』에 「길」 「설날」 「하라버지 등」 등을 발표한다. 15편이다.

산들산들 봄바람
꽃가지에 불면은
파릇파릇 싹이 트고
새로 잎이 돋지요.

살랑살랑 봄바람
다시 한 번 불면은
아름다운 꽃이 피고
나빈 춤을 추지요

- 「봄바람」 전문

1947년 『새동무』 5호에 발표했다. 봄의 정경을 4·3조의 음수율에 실어 아름답게 표현하고 있다. 봄바람 불면 새싹과 새잎이 트고, 꽃

---

12) 이재철, 「광복 30년 아동문학 소사」, 『광복 30년 문학전집 10』 정음사, 1975, p.458.

이 피고 나비가 춤춘다는 상식적인 내용의 나열일 뿐이다.

> 산들부는 봄바람은 재 넘어오고
> 뒷동산의 각색꽃은 방긋 웃으며
> 벌 나 비 너울너울 춤을 춥니다
>
> 얼었던 어름 녹고 봄이 오면은
> 말랏던 화 초 에 새잎이 나고
> 강남갔던 제 비 는 봄을 찾아서
> 넓은바다 건 너 서 날라듭니다.
>
>   -「봄이 오면은」 전문

1947년 『새동무』 8호에 발표했다. 이 동요도 「봄바람」과 다르지 않다. 봄이 오면 봄바람, 갖가지 색깔 꽃과 벌 나비들이 찾아오고, 2연에서도 화초에 새잎이, 바다 건너서 제비가 날아온다는 봄의 정경을 풍경화처럼 스케치했다. 7·5조의 음수율을 바탕으로 강한 음악성이 나타나고 있다. 동시란 아름다운 표현만으로 감동이 실리는 것이 아니라면, 문학적 장치가 부족한 작품들에 대한 불만도 컸으리라.

 동요는 음수율이나 음보율의 일정한 정형을 갖춘다. 운율이란 시를 읽을 때 느껴지는 말의 가락이다. 운韻과 율律이 합쳐진 말로, 시의 음악성을 형성하는 요소다. 최계락 동시는 미묘한 음악적 요소로 잘 조직된 작품이다.
 이때 발표한 시들은 거의 7·5조(또는 8·5조) 4·3조(4·4조) 등의 음수율을 갖추어 규칙적으로 반복한 정형시였다. 한국어는 2음절어와 3음절어가 가장 많아 여기에 조사를 붙이거나 어미변화를 하면 3음절 내지 4음절어가 된다. 이게 율격의 단위가 되니까 4·3조, 4·4조 등이 압도적으로 많아진다.

리듬은 심장의 고동, 호흡, 신체적 운동 등에서도 감지된다. 러시아 형식주의자 토마세프스키(Boris Tomashevsky)의 말을 빌면 "실제로 지각할 수 있는 음성 현상들의 전체"이다. 좁게는 시의 언어적 속성이 주기성을 띠고 나타나는 현상-압운, 율격 등을 일컫지만 모든 소리 현상-활음조와 약음조, 음운 변이와 반복, 대조 등 사람에게 상당한 심리적 효과를 주는 청각현상 모두를 가리키는 말이다.13)

시라는 생명체에 있어 의미가 뼈대이고, 이미지가 살[肉]이라면 리듬은 혈액이요 혈관이다. 리듬은 시인의 새로운 발견과 표현의 곳곳을 보살피며 원활히 기능할 수 있도록 작용한다. 시적체험이 무궁무진한 만큼 그 형태도 무궁무진 창조적으로 전개된다 할 수 있다. 리듬의 창조는 천부적인 재능 외에 시 읽기를 통한 각고의 수련 또한 요구되는 것14)이다.

최계락의 동시는 리듬의 문학이다. 이에 천부적인 재능을 가졌으리라 본다. 리듬이 시의 본질적 양식이며, 리듬이 시를 지배한다는 관념으로 창작했으리라. 이 리듬을 통하여 안정감과 미적 쾌감을 얻었으리라.

그의 동요풍의 동시는 미적 쾌감을 주는 리듬은 살아있었지만, 리듬에 지배당하여 문학적 장치를 제대로 활용하지 못한 아쉬움이 남기도 했을 것이다.

---

13) 신진, 『차이나는 시 쓰기』 시문학사, 2019, p.176.
14) 위의 책, p.192.

3. 왜, 버렸을까?

1) 리듬의 지나친 간섭

시는 자기표현이다. 자신의 사상이나 감정, 특수한 체험을 표현한다. 시 속에 표현된 사상도 주관적으로 윤색된 세계다. 그래서 '세계의 자아화'다.

15편 중에 완전히 버린 동요는 「조각달」, 「새 일꾼 어린이」, 「봄이 오면은」, 「허수애비」, 「이슬」, 「봄바람」, 「외로운 고개」, 「길」, 「설날」 그리고 「할아버지 등」 등 10편이다.

왜, 버렸을까?

동시는 고전주의의 전형적인 형식보다 자유분방, 감정과 공상의 존중, 꿈과 무한한 환상 등 낭만주의 요소가 강하다.

음수율은 그 형식을 존중하다 보니 표현의 억지성이 나타날 수 있고, 더러는 아름다운 단어로 보충해야 하니까 문학성보다 감정이 겉으로 흘러버리는 우를 범하게 되기도 한다. 또한 자유분방한 관념들을 제대로 표현할 수 없는 제어장치일 수가 되기도 했다. 더욱 중요한 것은 고민 없이 자연발생적으로 술술 쓴 정형시에 대한 불만도 가지지 않았을까.

원래 정형시는 마치 죄수의 발목에 매어 두는 쇠사슬처럼 시의 형식을 인위적으로 구속하는 한계를 지닌다. 정형시를 쓰는 시인이 산문 작가와 비교하여 말하려는 감정이나 사상을 겨우 75%밖에는 표현하지 못한다고 했다. 그렇다면 운율적 제약 때문에 정형시를 쓰는 사람들은 무려 25% 가량이나 손해를 보고 있는 셈이다. 이 통

계에서도 잘 드러나듯이 정형시는 시인의 표현력을 적잖이 구속하고 있다.15)

정형률의 질서는 언어의 아름다움과 쾌감을 느끼게 하는 정서적 미적효과를 가져오면서, 시의 분위기와 화자의 어조, 주제는 물론 작품에 대한 강한 인상을 주는 효과가 있지만, 정형의 음악성은 중독성이나 마술과 같은 신비적인 힘을 갖고 있어, 사상事象이나 감정 따위가 지배당하기 때문에 유쾌한 일은 아니다. 어쩌면 거의 정형률에 지배당하고 만다. 아마 시인으로서는 자존심이 상하는 일이기도 했을 것이다.

이 때문인지 기발표한 15편의 동요는 동시집 『꽃씨』에서 제외되고 말았다. 리듬의 지나친 간섭에 억눌려 의미를 상실시키는 사고(?)가 발생한다는 것을 체득했기 때문에 불만이 생겼을 것이고, 마침내 '버림'을 선택할 수밖에 없었으리라.

그나마 다섯 편은 수정 보완하여 『꽃씨』와 『철둑길의 들꽃』 등 동시집에 수록하거나 시비에 남겼다. 재수록한 작품의 전후 작품을 비교해 본다.

『꽃씨』에 수록한 작품은 「보슬비」, 「고갯길」 그리고 「구름은 조각배」 등 세 편이다.

보슬비 보슬보슬 개나리 꽃에
방울방울 금구슬 맺어놓고요

보슬비 보슬보슬 빨랫줄 위에

---

15) 김욱동, 『문학이란 무엇인가』 문예출판사, 1996, p.159.

대롱대롱 은구슬 맺어놓지요.
　　　　　　　　　　　　　　　　-「보슬비」 원작

보슬비 보슬보슬
살구나무 가지에

한 방울 송알송알
금구슬 맺고

보슬비 보슬보슬
빨랫줄 위에

두 방울 대롱대롱
옥구슬 맺고
　　　　　　　　　　　　　　　　-「보슬비」 수정작

　수정작은 대구법으로 형식의 정돈을 시켰다. 원작은 형식이 단조롭고, '맺어놓고요' 등에서 억지로 음수율을 맞춘 작위성이 보인다. 그게 문학의 질감을 떨어지게 한 이유라고 보았을 것이다.

고갯길 굽이굽이 어디로 가나
바위 피해 한줄기 솔밭 사이로

고갯길 휘휘돌아 어데로 가나
맑은여울 따라따라 이산을 넘고

굽이굽이 휘돌아 이산을 넘고
고갯길을 내고향을 찾아가지요.
　　　　　　　　　　　　　　　　-「고갯길」 원작

고갯길 굽이굽이 어디로 가나
솔밭 새로 외줄기 호젓한 산길

저 고개 넘어가면 어디일까요
푸른 하늘 고요한 산 너머 마을

저 산 너머 남쪽으로 자꾸만 가면
그리운 내 고향도 있을 테지요.
― 「고갯길」 수정작

원작은 화자의 방황이다. 정처 없이 가면서 막연히 내 고향을 찾고 있다. 수정작은 확실한 방향과 목표 의식을 심어주었다. 즉 주제가 뚜렷해졌다. 호젓한 산길이지만 산 너머 마을인 고향을 찾아가는 길이었으니까 발걸음도 가뿐하다.

파아랗게 물들인
하늘과 바다

구름은 조각배
바람은 사공

× ×

별님 맞으러
노 저어 갑니다.
― 「구름은 조각배」 원작

하늘은 바다
끝없이 넓고 푸른 바다

구름은 조각배

바람이 사공 되어
노를 젓는다.
- 「하늘과 바람과 구름」 수정작

제목의 무게감까지 고민하면서 「하늘과 바람과 구름」으로 개제했다. 원작의 '별님 맞으러' 등의 추상적 표현도 거부감이었을 텐데, 수정작은 비유도 선명하고, 형식도 가뿐하게 정돈시켜 문학성이 한층 높아졌다.

『소학생』16)에 발표한 「수양버들」은 추천의 과정을 거치면서 등단의 공식적인 절차를 밟은 작품이지만, 『꽃씨』에 싣지 않았고, 『철둑길의 들꽃』에 올렸다.

수양버들은 무슨 죄 짓고
맑고 푸른 봄 하늘도 못 쳐다보고
긴긴 종일 저렇게도 고개 숙일까?

버들 피리 만들려고 나무가지에
올라 가는 아이들 떨어뜨려서
긴긴 종일 고개 숙여 벌을 서나요?
- 「수양버들」 원작

---

16) 1946년 2월 11일 창간된 『소학생』(주간 편집 윤석중)은 학교를 중심으로 배부되며 해방기의 아동들에게 큰 영향을 끼친 잡지다. 창간 시에는 『주간 소학생』이란 이름으로 매주 월요일 발간하다가 46호(1947년 5월)부터 제호를 『소학생』으로 하고 월간으로 체제를 바꾸어 6·25 전쟁으로 종간되기까지 통권 79호를 발행했다.

수양버들
벌선다
고개 숙이고,

긴
여름 한나절을
고개
숙이고.

-「수양버들」 수정작

    원작은 다소 파격은 있지만, 8·5조의 음수율을 바탕으로 하면서 3음보율을 견지하고 있는 동요다. 수양버들이 푸른 잎을 늘어뜨리고 고개를 숙이고 있는 그 모습은 화자의 잘못한 행동 때문에 벌서고 있다고 걱정한다. 수정작도 원작과 주제는 같지만, 7·5조의 음수율을 유지하면서도 참신성을 견지하려는 노력이 형태의 파격을 가져온다. 옷맵시가 예쁜 아이가 한결 고와 보이듯, 형태를 정돈시킨 세련된 감각이 문학성을 높이게 한 사례라 할 수 있다.

흐르는 남강 맑은 물 위에
해가 지면 별들이
흘러갑니다.

흐르는 남강 맑은 물 위에
해가 지면 밝은 달이
흘러갑니다.

해가 진 남강 흐르는 물은
별님 싣고 달님 싣고
흘러갑니다.

-「해가 진 남강」 전문

흐르는 남강의 맑은 물 위에
해가 지면 반짝반짝 별이 흐르고

흐르는 남강의 맑은 물 위에
해가 지면 밝은 달이 떠러지고요

흐르는 남강의 맑은 물결은
해가 지면 달님별님 싣고 갑니다.

-「해 즈믄 남강」 전문

앞의 작품은 1944년 『주간소학생』에 발표했다. 이를 수정 보완하여 1947년 『봉화』에 「해 즈믄 남강」으로 재발표했다. 재발표한 작품은 맞춤법 일부를 고쳐('저믄'은 '저문'으로, '떠러집니다'는 '떨어집니다' 등) 현재 진주시 신안동 녹지공원 시비에 새겨 놓았다. 불과 3연의 길지 않은 형식이지만, 남강의 물과 별과 달이 조화를 이루면서 도시의 저녁을 환상으로 이끌어가는 광경이 압권이다.

2) 감정 노출에 대한 불만

몰개성론은 엘리어트의 객관적 상관물에서 뚜렷이 구체화되었다.

엘리어트는 워즈워드의 '고요히 회상된 정서'라는 어구에 대해서는 매우 신경질적인 반응을 보였다. 왜냐하면 엘리어트에게 시의 정서란 실제의 감정과는 다른 구조적 정서이며 또한 시에 표현된 체험은 '회상된' 것이 아니기 때문이다.[17]

---

[17] 김준오,『시론(제4판)』삼지원, 1999, p.344.

그래서 엘리어트는 '시는 정서로부터의 해방이 아니고 정서로부터 도피이며, 개성의 표현이 아니라 개성으로부터의 도피'라고 했다.

그러나 최계락의 표현 가치는 시인의 실제 감정과 정신의 일치였다. 그래서 '개성론'이나, 공자의 사무사론思無邪論을 중시했다.

시의 역동성은 리듬에 있다. 운율을 주는 방법은 여러 가지가 있겠지만 리듬은 독자들에게도 마음의 안정을 주는 역할을 한다. 그러나 리듬의 성취도 결국 시적 체험의 진정성의 문제에 귀결된다. 실제적이고 진정어린 체험만이 의미, 리듬, 이미지의 입체적 작동을 불러올 수 있고, 좋은 시에 다다를 수 있게 한다. 리듬 역시 진실하고 개방적인 심성으로 세계와 자아, 타자와 주체를 포용하는 대에 만나게 되는 본질의 미학18)이다.

그렇다면 리듬은 감정과 정서를 지배할 수 있다. 간혹 시평에 '감정의 노출'이라는 글을 접하기도 한다. 감정의 노출은 리듬에 휘둘려 정서를 제어하지 못하고, 의도하고자 하는 바를 제대로 하지 못한 경우다. 어느 시인이나 그 경험은 쓰라렸을 것이다. 정서나 감정의 분량을 조절하면서 심상을 확보하기 위하여 퇴고 과정을 겪는 것은 아닐까?

최계락도 창작 과정에서 리듬에 지배당하여, 감정이 노출되는 몰개성을 경험한 것에 대한 불만이 결국 버림을 선택했으리라.

---

18) 신진, 앞의 책, p.192.

3) 시대적 요구

1933년에 간행된 윤석중의 동시집 『잃어버린 댕기』는 동시집이라는 이름을 사용함으로써 동시라는 용어가 처음으로 한국 동시사에 의식화되었다. 이러한 의식화는 바로 20년대식 동시관을 지배했던 음악과의 밀월 행각을 지양하는 문학 자체의 미의식에 눈 돌리려는 의지를 처음으로 표상시킨 일종의 선언으로 볼 수 있19)었다.

동요가 아닌 동시, 음악에 지배되는 요가 아니라, 시의 음악미를 살리는 시가 되어야 한다는 자각이었다. 이러한 자각은 시의 형식면에 그대로 투영되었다. 그러니까 자수율 중심의 정형시에서 해방되기 시작됐다.

외형율의 한계를 타파하기 위한 노력은 40년대 이후 꾸준히 시도되기도 했다. 최계락도 이러한 자각으로 순수동시를 창작하면서 형식의 변화를 모색했고, 동요시에 대한 불만은 동요를 버리는 일까지 생기게 했다. 이런 시도는 본격 동시시대를 열기 위한 신호탄이었지만, 동요에 의해 얻은 소년문사의 소년적 이미지도 벗고 싶은 자존감도 작용했을 것이다.

특히 최계락의 해사적(解辭的) 시의 어법은 박영종의 전통을 계승한 시어의 함축미로서 전대의 동시를 극복하였고, 이종기의 50년 후반기 동시들은 음악적인 시적미를 추구하던 동시문학이 사유적인 시적미로 이행케 된 오늘날 동시 경향의 전기를 획득한 실험적인 시들이었다.20)

---

19) 이재철, 「한국 현대 동시 약사」 『한국 동시, 어제와 오늘 내일을 읽다』 문학과 문화, 2013, p.17.
20) 위의 평론, p.21.

그래서 이채철은 '동시 시대의 출현을 알리는 최계락·이종기 등의 50년대 시도'가 구체적으로 60년대의 본격 동시 운동의 시작21)이라고 했다.

최계락은 60년대 본격 동시 운동의 선구자였다. 이런 시대적 요구가 동요를 버릴 수밖에 없게 했다.

첫동시집 『꽃씨』가 이를 증명한다.

4. 동시집 속의 동요

동요의 형식을 보인 작품이 몇 편 있다. 제1 동시집의 「고갯길」, 「달」, 「꼬까신」, 「내사 모른다」 그리고 「보슬비」와 제 동시집에 실린 「눈 오는 밤」과 합하여 여섯 편이다. 김형만은 제2 동시집의 「내 동생」과 「수양버들」을 합쳐 8편으로 보았다.

「내 동생」과 「수양버들」을 제외시킨 이유는 비록 8·5조, 7·5조 등의 음수율을 보이지만 자유시 형식의 배열을 하고 있다는 점이다. 동요성을 배격하려는 시인의 의도가 보이는데, 억지로 음수율을 맞춰서 동요라고 할 필요는 없다.

위의 6편 중 「꼬까신」과 「보슬비」도 7·5조를 바탕으로 하면서 한 행으로 표현할 부분을 두 행으로 나누는 등 배열 형식이 자유시처럼 느낄 수 있게 표현했지만 동요 형식을 벗어나지 못했다. 「고갯길」, 「달」 「내사 모른다」 그리고 「눈 오는 밤」 등 네 편은 전형적인 동요의 형식을 갖추고 있다.

---

21) 위의 평론, p.21.

동요 작품을 버렸는데 동요 몇 편을 동시집에 실은 이유는 무엇일까? 이 동요들은 리듬이 강하지만, 시인이 강조하고 싶은 정서가 뚜렷해서 감정이 노출되지 않았다는 것을 자각했기 때문이다.

> 키다리 전봇대 담벽 기대고
> 손발이 시리다고 엉엉 우는 밤
> 하늘에서 달님은 추워 어쩌나
> 솜옷도 안 입고 꽁꽁 얼겠다
>
> 가랑잎도 굴러 와 창문 밖에서
> 문 좀 열어 달라고 벌벌 떠는데
> 달님은 구름 밑에 어서 들어라
> 솜털이불 구름이불 어서 덮어라
>
> -「달」전문

7·5조의 동요다. 그러나 정서와 분위기를 환기시키는 시적 화자의 태도가 단순히 음수율에 구속되지 않고, 자연(달님)에 대한 강한 애정을 선명하게 제시하고 있지 않은가.

감정이입이란 시적화자의 감정을 대상에 이입시켜 마치 대상이 그렇게 느끼고 생각하는 것처럼 표현하는 방식이다. 겨울밤에 추워서 벌벌 떨고 있는 달님은 그 당시 가난했던 삶에 대한 공감일 것이다. 그래서 구름 이불이라도 덮어서 해소하고 싶다. 시대를 향한 목소리가 지엄하게 들린다.

> 기차 가져 놀기는 누가 놀았고
> 떠러트려 부수긴 누가 그랬게
> 부셔 놓곤 날더러 고쳐 달라면

> 네가네가 그랬지 내가 그랬나
>
> 나도 한번 가지고 놀아 보자고
> 사정사정할 때는 왜 안 들었어
> 이제 와선 언니 하며 울며 졸라도
> 네가 네가 부신 걸 내사 모른다
>
> 　　　　　　　- 「내사 모른다. -기차놀이 하다가」 전문

　생활 동요다. 동생이 기차 장난감을 갖고 놀다가 망가뜨리지만 동생에 대한 애정은 소중한 것이었다. 화자에게 고쳐달라고 한다. 고칠 방법이 없어 '내사 모른다' 하면서 돌아앉지만 형제 우애까지 부서지게 할 수 없었다.
　이와 달리 버린 동요 「이슬」을 읽어보자.

> 풀잎에 소롱 소롱
> 이슬 방울은
>
> 달님이 짜놓고간
> 젖이라지요
>
> 새싹들 받아 먹고
> 잘 자라라고
>
> 달님이 짜놓으신
> 젖이라지요.
>
> 　　　　　　　　　　- 「이슬」 전문

　'소롱 소롱' '달님이 짜놓고간' 등 시어들이 아름다울 뿐 감동의

요소가 전혀 없지 않은가. '짜놓으신' 등에서 억지로 음수율을 맞춘 작위성이 있으니까 「달」은 뜨고, 「이슬」은 사라질 수밖에 없었다. 이슬을 젖이라고 한 은유가 보이지만 주제에 기여하는 바가 빈약하다고 생각했을 것이다.

동시집에 실린 동요는 음수율을 맞추느라 조악하게 글자를 맞추지 않았고, 음수율에 연연하지 않았으며, 생각과 느낌을 효과적으로 표현하기 위해 함축적이고 내포적 의미의 시어를 사용했으며, 감정이입 등으로 주제와 공감할 수 있도록 문학성을 살렸다. 그러니까 버려진 동요와는 괘를 달리한다고 할 수 있다. 또한 감정이 겉으로 흘러버리지 않도록 아름다운 언어보다 적확한 언어를 선택했으며, 리듬만 타는 게 아니라 진솔한 생활의 이야기거나 비유 등 문학적 장치도 고려한 작품들이었다.

※이 평론은 제24회(2024) 최계락문학상(연구부문) 수상평론 『최계락의 동요와 동시 세계』중 제4장 「최계락의 동요」를 옮긴 것이다.

II

* 지난 모든 것들이 아름답고 고마워!
* 별나라에서 살고 싶은 별난 상상력
* 산타할머니가 보내는 동심의 선물
* 넉넉히 안아주는 바다 같은
* 공사 중인 '예쁜' 세상과 착상의 상승작용

지난 모든 것들이 아름답고 고마워!
- 선용 제25 동심시집 『아니랄까 봐』

    선용의 동심시집 『아니랄까 봐』(2023, 세종출판사)를 읽었다. 제25 시집이다.
    소개된 약력이다. '일본 동경에서 태어나 1971년 『소년세계』를 통해 문단에 나왔으며, 월간 『어린이 동산』 주간, 부산 MBC 『어린이문예』 주간, (중략) 작품집으로는 동심시집 『이러다가』 외 25권, 동요집 『토란잎 우산』 외 30권, 가곡집 『능소화』 외 6권, 번역집 『파랑새』 외 80여 권, 중국어교재 『표준중국어』 『생활중국어』가 있고, 일·한 시집 『野菊』 외 6권이 있음. 받은 상으로는 부산광역시문화상, 대한민국번역장려상, 대한민국동요대상, 한국창작가곡대상, 한국동요음악대상, 대한민국동요사랑대상, 새싹문학상, 방정한문학상, 한국문학상 외, 외국에서 받은 중국 아동문학번역교류장, 중화민국 중흥문예장, 중화민국 교무위장, 아시아 번역상 등이 있음.' 이다.
    입이 다물어지지 않는다. 그 어마무시한 창작 열정이 입을 다물지 못하게 한다.
    이제 여든을 넘겼다. '시집을 내면서' 다음과 같이 술회한다. '생각해 보면 지난 모든 것들이/ 아름다운 것들 뿐이었다/ 정말 따스함이 느껴지는/ 감사한 일들 뿐이다'라고 하면서 '그간 발표한 작품들을 구분 없이 한 권에/ 정리하는 의미에서 묶었다./ 갑자기 알게 된 병으로 당황했'다고 하면서, '안타까운 것은 그걸 늦게 서야 깨달았다'는 자괴감도 적었다. 이런 와중에 제26시집『이러다가』까지 두 권을 동시에 상재하는 저력을 과시한다.

'동심'이란 곧 어린이의 마음이다. 문학이 곧 그 사람이라고 하면 선용 선생을 두고 한 말일 게다. 흐트러짐이 없고, 곧고 바르다. 목소리를 높이지 않고, 주장이나 고집을 부리는 법이 없다. 조용하게 흐르는 물처럼 은은하고 그윽하다. 옷맵시 나게 단정하고, 베레모를 쓰고 있으면 주름살도 보이지 않는 동안이다.

건강관리도 철저하다. 약주도 하지 않고 전통차를 즐긴다. 채식 위주의 식사를 하고, 단식도 수시로 하면서 삶의 절제를 보여준다.

끝도 보이지 않는
하얀 세상

어젯밤 꿈에서
나오지 않았는가

주위를 돌아봐도
아무도 없다

나
혼자뿐

외롭고 무서워
울고 싶지만

아무도 없어
울지 못하고

소리 없이
불러본다

엄마!
- 「아침 안개」 전문

이제 외롭다는 것인가? 꿈에 나타난 하얀 세상! 나 혼자뿐이니까 두렵다. 혼자라서 울 수도 없다. 엄마는 인고의 세월을 감내해 온 강인한 생명력의 원천이기도 하지만, 근원적 고향이다. 이럴 때 부르는 '엄마!'는 사무친 그리움이 아니라, 두려움에 대해 위로를 받고 싶기 때문은 아닐까?

파란 하늘
심심한
아기 흰구름

몰래
빈 가지를 타고
내려와

하얗게
환히
웃고 있다

아!

향긋한
꽃들의 웃음소리

- 「배꽃」 전문

배꽃은 빈 가지를 타고 내려온 흰구름이었다. 흰구름이 웃고 있다. 꽃들의 웃음소리가 향긋하다. 하얀 배꽃이 하늘까지 이어졌으니 온 세상이 향긋한 웃음소리다. 그는 민들레, 개나리, 매화, 채송화, 도라지꽃, 봉선화, 금낭화, 메꽃, 핑크뮬리, 해국은 물론 산여울, 봄, 빗방울, 풀, 꽃, 길, 개미, 강, 징검돌, 여름, 나무, 산, 폭포, 옹달샘, 시냇물, 바람, 성, 쥐, 겨울, 달항아리, 폐광, 구지봉 등 자연을 사랑했다. 자연에서 찾아낸 아름다움에 진한 애정을 보인다.

찔레순을 좋아하던
그 아이가 생각나서
꺾으려다 그만두고
돌아온 그 날 밤에
꿈길까지 따라와서
웃어주던 별 하나

- 「찔레순」 부분

차마 찔레순도 꺾지 못한다. 여린 마음이기도 하지만, 찔레순을 좋아하던 그 아이 때문이다. 꿈에까지 그 아이가 따라와 웃어준다. 그리움이란 가장 순수해질 때 가슴 속 깊이에서 솟아나는 샘물 같은 것이라서, 그 별의 웃음이 더 아름답다.

살아온 삶이 『아니랄까 봐』 부정당하고 싶지 않다.

심지어 감기까지도
아빠가 쿨룩쿨룩
엄마도 쿨룩쿨룩
동생이 쿨룩쿨룩
누나도 쿨룩쿨룩

사이좋게
주고 받고
받고 주고
언제나 함께 나누며
같이 웃고 같이 우는 우리

한 가족
아니랄까 봐

-「아니랄까 봐」부분

고뿔마저 온 가족 행사가 된다. '달면 삼키고 쓰면 뱉는' 사회에 가족이란 공동체만큼 중요한 곳이 있겠는가. 가족은 '주고 받고/ 받고 주'면서 함께 나누고, 함께 웃는다. 가족은 '아니랄까 봐' 모두 닮아있다. 혈연에 감사하며 가족을 통해 자신의 존재감을 확인한다.

쥐었다
펼 때마다
꽃이 활짝

다섯 잎
예쁜
두 송이 꽃

우리 방

환한
등불이 되고

우리 집
즐거운 웃음이 되고

-「아기 주먹」전문

특히 사랑하는 것은 아기다. 성서에도 '마음을 고쳐 어린이처럼 되지 않고서는 천국에 들어가지 못할 것'이라고 하지 않았던가. 그러니까 아기를 닮고 싶다. 아기는 꽃으로도 부족하여, 등불과 웃음이 된다.

징검돌은 물속에 엎드려 지낸다. '징검돌'처럼 살고 싶은 것이 그의 철학 아니었을까?

하지만 선뜻 등을 내어주어
아이들도 발 젖지 않고
오갈 수 있고

목마른 산새 잠시 앉아
목도 축이고 깃털도 고르고

그래서 찬물에 몸을 담근 채
등을 내어주는 징검돌

또 누군가 올까 봐
또 누군가 지나갈까 봐
그대로 물속에 엎드려 있다.

-「징검돌」부분

아이들과 산새들이 좋아한다면, 자신은 등을 내어주는 징검돌이 되고 싶다. 징검돌은 물속에 엎드려 있어야 한다. 그동안 아이들을 위해 시를 짓고, 노래를 만들고, 후진을 양성하고, 후배를 이끌어주고, 어린이 잡지를 만들어 온 일들이 모두 징검돌 같은 봉사활동이었다.

「금낭화」의 복주머니도 '나는 괜찮아/ 나보다 아픈 사람이/ 나보다 더 가난한 사람이/ 가져가야지' 하고 노래한다.

안 춥니. 이 한겨울에?
아니요. 조금도

마른 잎이 몇 번을 쓸어도
쓸쓸함이
그대로인 골목 안

담벽 밑에 핀 꽃 한 송이
골목이 환하고
추위가 물러간다

그 따뜻한 웃음의 힘
그 살가운 눈길
그 작은 꽃 한 송이의 힘

꽃처럼 따뜻한
겨울

- 「웃고 있는 꽃」 전문

겨울꽃을 본다. 마른 잎이 쓸어낸 쓸쓸한 골목에 피었다. 골목이 환하고 추위까지 물리친다. '그 따뜻한 웃음의 힘/ 그 살가운 눈길/ 그 작은 꽃 한 송이의 힘'이 그득해진다. '힘이 되어 준 은인들' '여행 가듯 놀이 가듯 병원도 함께 다니고 곁에서 돌보아주는 아내'도 감사목록에 올려놓았다. 그 감사가 겨울꽃으로 형상화하여 '꽃처럼 따뜻한/ 겨울' 세상을 그려놓은 것은 아닌가.

'동심시'라는 명칭에 애착을 보인다. 동심시는 동심의 확산을 위해 필요한 것이긴 하다. 시라는 명제를 확보하면서, 동시의 소재가 동심이기 때문에 유아적 냄새가 나는 동시보다 시의 장르 안에서 일반화시키고 싶었기 때문일 것이다.

후배 작가들에게는 이렇게 말한다. 김문홍 소설가와 대담한 내용('부산아동문학의 맥') 중의 일부다. "'눈물과 아픔 없이 쓴 글은 남도 감동하지 않는다.'는 진리를 기억하고, 남 뒤에 줄 서지 말며 감투나 상에 연연하지 말라는 말을 하고 싶군요. 자신의 목소리로 울어도 귀를 기울일까 말까 하는데, 남의 목소리를 흉내 낸다고 사람들이 귀를 기울이겠습니까? 제 목소리로 외칠 때 가장 아름다운 목소리가 되는 것입니다. 그리고 샘물은 계속 퍼내어야 맑은 물이 솟아오르고, 쓰지 않으면 녹슬어 좋은 글이 나오지 않습니다."

그는 아동문학의 독보적 존재다. 세상을 밝게 하는 동심의 노래를 끝없이 불러왔다. 끝으로 정선혜 평론가의 말을 빌린다. '밝고 긍정적인 삶을 노래해 보여 준 휴머니즘의 시인, 선용 시인의 동시들은 그가 살아가면서 만나게 되는 사람들은 물론, 보잘것없는 미물인 구절초나 억새꽃에 이르기까지, 청포도 같은 극진한 사랑으로 감싸 안으려는 따스한 마음을 노래해 보여주고 있다.'

늦게나마 깨달은 추억과 그리움의 지나간 것에 대한 아름다움과 감사의 노래가 다가오는 것에 대한 아름다운 동심 이야기로 승화하는 계기가 되리라.

(『예술부산』 2023. 12)

별나라에서 살고 싶은 별난 상상력
- 아동문학가 강현호

1.

생사람 잡을 뻔했다. 코로나19 백신 접종의 부작용이 이슈가 되긴 했지만, 그 후유증에 시달리고 있을 줄은 몰랐다.

병색이 완연했고, 걸음이 서툴렀고, 말이 어눌했고, 손발의 움직임이 정상이 아니었다. 그 그늘이 길긴 하지만, 점점 회복의 모습을 보여주고 있어 얼마나 다행한가. 백신 접종이 생사람 잡을 뻔했다.

맴
매암
매암 맴

낮잠 든
여름 숲을 깨우는

쬐그만
아주 쬐그만
알람시계.

- 「매미」 전문

초등학교 국어(1-2) 교과서에 실려 있던 동시다. 매미소리를 여름 숲을 깨우는 '쬐그만/ 알람소리'라고 한 그의 상상력이 얼마나 기특한가. 예술은 상상력을 기반으로 하고 있다. 상상의 언어를 쓸수록 문학성이 강해진다.

진주사범학교를 졸업하고 초등학교 교사가 되었고, 아이들과 생활하면서 문학의 꿈을 익혔다. 1979년 『아동문예』에 동시 「나이테」로 3회 추천을 받아 등단한다. 1982년에는 조선일보 신춘문예에 동화 「별」이 당선되어 동화작가도 된다. 아동문학은 동시와 동화를 넘나드는 문학이기 때문에 아동문학가라는 이름도 동시와 동화를 잘 쓰는 이에게 붙여져야 한다. 그런 면에서 그는 진정한 아동문학가다.

봄.
여름.
가을.
겨울.

한 자리에 불러 모아
꽁꽁 한 데 묶어버렸습니다.

커다란
시간의 태엽을
힘주어 꼬옥 꼭 감아버렸습니다.
 - 「나이테」 전문

김사림 시인의 추천사는 '시인의 상상력은 자연의 아름다움뿐 아니라 「나이테」를 통해 흘러간 시간과 역사의 소리를 들을 수 있고,

자연과 인간을 서로 분리하지 않고 동질성을 회복시킨 점을 부각시켰다.'였다.

2.

동시집으로는 『새끼줄 기차』(공저, 1982), 『산마을 아이들』(1983), 『메아리를 부르는 아이』(1986), 『나이테』(1988), 『사과밭과 가을 굴렁쇠』(1991), 『닮았어요』(2002), 『바람의 보물찾기』(2011) 그리고 『강현호 동시선집』(2015) 등이 있다. 특히 『강현호 동시선집』은 '지식을만드는지식' 출판사에서 기획 출간한 것이다. 이 책은 1908년 한국의 근대 아동문학이 탄생한 이후 한국 동시문학사를 빛낸 이들을 선정하여, 한국동시문학사 100년을 증언하기 위하여 출간 되었으니 작가의 자존감이 실려 있다.

그 책의 서문에 이렇게 적고 있다. '한 편의 깨끗한 동시를 읽고, 함께 공감하고, 고개를 끄덕이고, 미소를 짓는 아름다운 마음을 지니게 되어서 나는 행복하고 고마웠다'라고.

동시·동화집으로 『동심을 켜는 등불』(2005)이 있다. 또한 국어교육을 위한 『국어 학습지도서』도 펴냈다. 『동심을 켜는 등불』은 제24회 한국교육자대상 수상을 기념하면서 펴낸 문집이다. 퇴임의 기념도 겸하면서 그동안 아껴주고 격려해준 분들에게 문학으로 보답의 마음을 담았다.

세종문화상, 현대아동문학상, 해강아동문학상, 한국아동문예작가상, 부산아동문학상, 부산문학상(본상), 한국동서문학상 그리고 방정환문학상 등을 수상했다. 특히 세종문화상(교육부문)은 한평생 어린이를 위한 문학과 정서순화교육을 통하여, 따뜻한 세상을 만드는 데 기여했다는 공로를 인정하여 정부가 주는 상이다.

부산아동문학인협회장, 연제문화예술인협회장 그리고 한국독서문화재단 이사 등을 역임하기도 했다. 교단생활을 하면서 부산국어교육연구회장, 청소년 독서교실 자문위원, 부산교원연수원 교육연구사 그리고 부산교육연구원 교육연구관 등을 지냈으며, 만덕초등학교장으로 정년을 했다. 황조근정훈장을 받았다.

문학적 업적도 두터웠기 때문에 그의 작품에 대한 평가도 다양하다. 이재철 평론가는 '어린이들이 이해할 수 있는 언어로 소박하고 단순한 주제를 표현하고 있지만, 거기에는 삶과 자연에 대한 깊이 있는 통찰과 지혜가 스며들어 있다. 그의 동시는 우선 자연의 세계를 표현하고 묘사하는 방법에 있어 재치가 번득이며, 재미가 넘친다. 하지만 그것은 단순한 재미에 그치는 것이 아니라, 자연의 질서와 그 질서 속에 담긴 뜻에 대한 깊은 사유를 보여주는 것이다'라고 했고, 노원호 동시인은 '아이들의 심리에 맞는 단순한 동심의 구조로 짜여 있다는 것이 그 첫째고, 풍부한 상상력과 명쾌한 시어들로 조직되어 감성의 폭을 확대시켜 준다는 것이 둘째 이유다. 셋째는 호흡이 짧으면서도 이미지가 명확해서 감흥을 불러일으킨다는 것이다'라고 했다.

『100년 후에도 읽고 싶은 한국명작동시』(2005, 예림당)에 실린 「버들강아지」를 읽는다.

"엄마, 지금 나갈래요."

"안 돼. 아직은 추워."

아기버들강아지
자꾸만 엄마를 졸라 댑니다.

"으응, 나가 놀고 싶어."
"자, 그럼 이걸 쓰고 나가렴."

엄마가 씌워 준
털모자를 쓰고
빈 가지 가지마다
쏘옥쏘옥 얼굴을 내밉니다.

- 「버들강아지」 전문

봄은 그냥 찾아오는 게 아니다. 엄마의 털모자가 있어야 한다. 엄마의 털모자가 꽃샘추위쯤 견디게 하지 않은가.

바람들이 모여서
보물찾기를 한다.

아, 새싹!
어, 버들개지!
야호, 개나리!
아싸, 진달래!

바람들이
하얀 쪽지에 적힌 저마다의 보물들을
큰 소리로 외쳤다

해님이 상으로 바람들에게

따뜻한 털조끼를 입혀줬다.
- 「바람의 보물찾기」 전문

봄바람은 보물찾기를 한다. 새싹, 버들개지, 개나리와 진달래 등이 모두 보물이었다. 해님은 보물을 찾아낸 바람에게 상을 준다. 털조끼였다. 그렇게 봄바람이 털조끼를 입었단다.

아호인 '문산問山'은 이주홍 선생께서 '번거로운 속세가 아닌 별세계에서 안주하고 있는 겸허한 작가니까 "산을 묻는다"'하면서 주었다 한다. 이백李白 같은 한가로움과 탈속세의 자유와 풍류가 느껴진다.

3.

천문대에 망원경이 없다면 밤하늘의 별들을 제대로 관찰할 수 없다. 상상력이란 천문대의 망원경이다. 동심의 하늘까지 맘껏 바라볼 수 있으니까.

추운 겨울동안
꽁꽁 덮었던
무거운 솜이불을
잘게잘게 뜯어

빈 가지 가지마다
하얗게 널어서
봄볕에 말리고 있다는 걸

남들은 알까? 모를까?

— 「백목련·2」 전문

상상력이 돋보인다. 목련꽃을 솜이불 속에 들어 있던 솜들을 잘 게잘게 뜯어서 가지에 널어놓은 것이라고 했다. 겨우내 덮었던 솜 이불을 봄볕에 말리기 위해서.

심심해진 가을바람이
손가락으로
나뭇잎의 겨드랑이를
자꾸만 간질렀다.

-까르르
-깔깔깔

참다못한 나뭇잎들이
웃음을 터뜨리며
얼굴이 빨개졌다.

— 「단풍잎·1」 전문

가을바람은 장난꾸러기 아빠다. 오늘도 나뭇잎의 겨드랑이를 간 질이고 있을 것 같다. 단풍은 웃다가 얼굴 빨개지겠지. 안도현 시인 은 시에서 함축은 긴 내용을 '줄여 말하기'가 아니라 '비유해서 말 하기'라고 했다.

또한 비유가 신선해서 좋다. 비유는 동시에 옷을 입히는 일이다. 비유가 좋을수록 맵시 있는 옷을 입은 것처럼 폼이 나니까.

'새봄' 산부인과 앞

태어난 예쁜
새싹 아기 보려고

해님 이모
빗방울 고모
바람 삼촌

두 발을 동동 구르며
기다리고 서 있네.
- 「새싹」 전문

새봄에 새싹이 태어난다. 그러니까 새봄은 산부인과 병원이다. 시인은 언어의 창조자로서 언어의 색다른 결합을 해내는 상상력을 보여준다. 상상력이 곧 창조의 세상이니까. 은유는 전이고, 유추고, 변화다. 그 은유를 근거로 '해님 이모, 빗방울 고모, 바람 삼촌이 두 발을 동동 구르며 기다리고 서 있네'가 합리성을 얻게 된다.

오월이 손 풍로로
튀밥을 튀겨낸다

해님,
바람,
빗방울들이 빙 둘러서서
숨죽이며 구경을 하고 있다

펑!
펑펑!

펑펑펑!

동구 밖에도
뒷동산에도
고소한 봄내음이
하얗게 하얗게 매달려 있다.

-「아카시아꽃」전문

　아카시아꽃을 보면서 고소한 봄 내음(후각)이 하얗게 매달려 있다고(시각) 했다. 공감각적 표현은 융합하거나 사물 간의 동일성 등을 유추해 낼 수 있는 상상력이다. 튀밥이란 쌀을 튀긴 것이다. 아카시아꽃이 튀밥이니까 그 꽃향기는 고소한 봄 냄새를 매달고 있는 것이다. 또한, 의성어, 의태어도 적절히 사용하여 리듬을 살려내기 때문에 부드럽고, 나긋나긋하면서, 재미있다.

풀숲에서
귀여운 강아지를 만났다.

솜털 같이 복슬복슬한
꼬리를 살랑살랑

요요요
요요요요
정답게 부르면

우리 집까지
따라올 것 같아
자꾸만 숲길을 뒤돌아보았다.

-「강아지풀」전문

꼬리를 살랑살랑 흔들며 따라올 것 같지 않은가. 이처럼 그의 동시는 상상력이며 자연에 대한 애정이다.

4.

조약돌은 오랜 비바람과 파도를 겪어 비로소 모난 부분이 없어지고 몽실몽실해진다. 그의 문학은 조약돌이다. 그래서 매끈하다. 형상화의 수법도 지나친 비유에서 겪은 낯설기보다는 낯익음을 선택하고, 재치나 경이로움보다는 다정다감한 언어를 선택하고 있다.

노래 부르기를 좋아한다. 분위기에 맞는 노래를 부르며 청중을 제압하기도 한다. 특히 정지용의 「향수」를 부를 때는 성악가 뺨칠 만큼 근사하다. 목소리만으로 부족하여 오카리나도 품고 다니며 선율을 선물할 줄 아는 멋쟁이다. 테니스는 국가대표급이었다. 별로 날렵하지는 않지만 공이 떨어질 자리를 미리 점령하여 공을 되받아치는 솜씨는 감탄 그 자체다. 젊은 선수들도 혀를 내민다. 스포츠 댄스도 수준급이다. 예술인의 '끼'와 감각이 철철 넘쳤다.

늘 후덕하기 때문에 친구도 많고 따르는 후배도 많다. 그게 좋다. 맘 놓고 막걸리 한 잔 나누고 싶은, 밤새워 얘기해도 좋은 옆집 아저씨 같은 분이니까.

또한 여행을 즐긴다. 가끔 전화라도 하면 아프리카에 가 있다고 한다. 그의 발길이 닿지 않은 나라가 있을까? 상상력만큼 자유로운 영혼이니까. 그의 동화 「별」의 일부를 옮긴다.

"아저씨, 엄마가 그랬어요. 멀지 않아 내 눈이 보이게 될 것이라고요. 별보다 더 초롱초롱한 눈을 갖게 될 것이라고요."
아이의 목소리는 전보다 더 맑고 또랑했습니다.
"그럼, 너처럼 착한 아인 곧 앞을 볼 수 있을 게다."
아저씨는 아이를 무릎 위에 앉혔습니다. 그리고 손가락을 펴 아이의 부드러운 머리카락을 자꾸만 어루만졌습니다.
그때, 아이의 두 눈은 별빛보다 더 초롱초롱하게 빛났습니다.

- 동화「별」일부

   그는 눈먼 아이에게도 별을 주듯이 별에 가고 싶은 어른 아이인지 모른다.『어린이문예』(2010, 겨울호)에 실린 '등단 시절 이야기'「아직도 나는 상상의 날개를 달고 별에 가고 싶다」에도 다음과 같이 얘기하고 있다.

   '아동문학에 뜻을 둔 지 어언 50여 년, (중략) 그러나 "내 몸에 날개를 달고 별에 갈 수는 없으나, 상상의 날개를 마음에 단다면 별에도 갔다 올 수 있다. 마음에 상상의 날개를 다는 일이 동시를 쓰는 마음이며, 동화를 짓는 마음이다. 그것이 곧 문학을 하는 마음이 되는 것이다"라는 유경환 선생님의 말씀을 되새기면서 나는 오늘도 상상의 날개를 달고 별을 향해 걸으려고 나선다.'
   이제는 별에 도착했을 게다. 상상의 날갯짓이 얼마나 별난가.

(『열린아동문학』 2024. 겨울)

산타할머니가 보내는 동심의 선물
- 오원량 제2 동시집 『날마다 산타』

1.

시 한 편 읽습니다.

막 새순이 나오는
연두 잎
나무의 어린 눈인가 했어
다음 날 보니까
새의 부리로 자라고 있었어.

부리는 점점 자라
바람이 불 때마다
반가운 수다를 하더니
어느 날 날개로 자라
푸드득푸드득
날갯짓 소리가
산을 오르고 있었어.

- 「연두 잎」 전문

다음 날 보니 새순의 연두잎이 '새의 부리'였습니다. 나무마다 자라는 것은 새의 부리입니다. 점점 자라면서 수다를 합니다. 반가운 수다를 합니다. 녹음이 짙을수록 새의 수다가 더 푸르러집니다. 날갯짓 소리도 산을 오릅니다. 산의 녹음은 새의 부리가 노래한 것이고, 새의 날갯짓 소리 때문이라네요.

창조는 논리나 과학을 뛰어넘습니다. 문학은 실험 관찰이 아니라 남다른 상상력으로 발견하거나 관찰한 것입니다. '새 잎'을 '새의 부리'로 상상한 것처럼. 과학이 현실이라면 문학은 미래입니다. 남다른 상상력으로 즐거움(감동)을 주기 때문입니다. 세계적으로 유명한 화가 피카소는 '나는 찾지 않는다. 발견한다'고 한 이유를 알겠지요.

시인은 낯익은 것도 낯설게 만들거든요. 항상 보는 것도 남달리 보고, 남이 미처 발견하지 못했던 것을 새롭게, 새삼스럽게 보여주거든요. 문학을 높이 평가하는 것도 이 때문입니다.

오원량 시인!

2021년에 『아동문예』에 동시가 당선되었고, 동시집 『하얀 징검돌』을 펴냈어요. 이미 1989년 『동양문학』으로 시인으로 등단했고, 시집으로 『사마리아의 여인』, 『새들이 돌을 깬다』, 『서로는 짝사랑』 그리고 『흔들리는 연두』 등이 있습니다. 『흔들리는 연두』는 2023년 제12회 녹색문학상 수상 시집입니다. 녹색문학상은 사단법인 한국산림문학회가 숲사랑과 생명존중, 녹색환경보전의 가치와 중요성을 주제로 한 문학작품을 발굴할 목적으로 제정한 상입니다. 상금이 자그만치 1,500만원입니다.

심사평 일부를 소개합니다. '시집 『흔들리는 연두』 역시 숲에서 일어나는 다양한 변화를 마치 수채화를 그리듯 섬세하게 묘사하는가 하면 운문에 산문을 담는 실험적 과감함도 보여 문학 성취도를 높였으며, '연두'라는 새싹에서 희망을 꽃피우는 녹색 환경을 다양하고 아름다운 시선으로 시상詩想을 녹여낸 시도가 매우 훌륭했다.'라고요.

첫 동시집 『하얀 징검돌』의 서평을 쓴 이화주 시인은 '시인의 상상력은 독특하다. 그런 동시는 어떻게 태어나는 것일까? 시인의 따뜻하고 특별한 경험과 호기심과 관찰의 힘이다. 시인의 시 속에는 가족의 관심과 사랑이 있다. 언어의 밥이 있고 웃음이 있다. 넓고 두꺼운 배경지식과 사랑은 새로운 생각을 태어나게 한다. 상상력에 투명한 날개를 달아준다. 보이는 것 그 너머까지 생각의 영토를 넓힐 수 있도록.'하면서 상상력이 우수한 시인이라고 칭송하고 있습니다.

이제 동시로써 아름다운 문학을 하겠다고 합니다. 훌륭한 시인과 함께하는 아동문학이 그득해지는 느낌입니다.

2.

제2 동시집 『날마다 산타』를 읽습니다. '산타 할아버지'는 성탄절 즈음에 어린이들에게 선물을 나누어 주거나, 성탄절 날 밤에 어린이들의 양말에 선물을 놓고 간다는 이야기 속의 할아버지입니다. 할아버지가 계시면 할머니도 계십니다.

이 동시집은 「산타할머니가 보내는 동심의 선물」입니다. 성탄절이 아니지만 동심의 선물로 찾아옵니다. 기분을 흐뭇하게 하는 선물입니다.

소년한국일보는 시낭송캠페인 '시를 읽읍시다'에 매주 한 편씩 동시를 싣습니다. 오원량 시인의 「엄마 손은 꽃」이 실렸습니다(2022. 11. 17).

밥하랴
청소하랴
설거지하랴
빨래하랴

엄마는 손한테 너무 미안하단다
그래서 가끔 엄마는
크림으로 맛사지도 해주고
손톱에 예쁜 꽃잎도 그려준다

톡, 톡, 톡……
타닥, 타닥……
엄마 손이
친구들에게 카톡을 날린다

컴퓨터를 친다

엄마 손에서 예쁜 꽃잎이
팔랑팔랑 날아다닌다

꽃향기 가득한 우리 집

- 「엄마 손은 꽃」 전문

전병호 시인은 다음과 같이 해설을 곁들였습니다. '그래요. 밥하고, 청소하고. 설거지하고, 빨래하느라고 엄마 손이 거칠어졌어요. 그래서 아주 가끔은요. 엄마가요. 엄마 손에 크림 맛사지를 해주고, 손톱에 예쁜 꽃잎도 그려주어요. 어때요, 참 잘했지요? 그런 날 엄마 손은 친구들에게 카톡을 날리고요. 컴퓨터의 자판도 열심히 쳐요. 그런 날은 엄마 손에서 꽃잎이 팔랑팔랑 날아다녀요.

참 오랜만에 되찾은 엄마의 시간은 참 행복했을 거예요. 하지만 엄마는 또 '나'를 위해 청소하고. 설거지하고, 빨래하실 거예요. 그럼 또 손이 거칠어지겠지요. 엄마, 우리를 위해 희생과 봉사하는 것, 너무나 고마운데요. 그래도 될수록 엄마의 시간을 많이 갖도록 하세요. 엄마가 행복할 때 우리가 행복하니까요.'라고요.

제2 동시집 『날마다 산타』(2024, 브로콜리숲)는 4부로 구성되어 있고, 55편이 실려 있습니다.

1부 '할머니와 나의 차이'는 나이 때문에 생기는 차이를 말하지는 않겠지요. 할머니의 사랑과 세월을 느껴보세요. 2부 '해님 발자국'은 누구의 얼굴에 찍어주는 발자국이라네요. 혹시 여러분의 얼굴에 해님 발자국이 찍히지나 않았는지 살펴보세요. 3부는 '날마다 산타'는 고마운 이웃에게 보내는 따뜻한 마음이며 선물입니다. 4부는 '우리 엄마가 계모란다'입니다. 왜 우리 엄마가 계모가 되었을까요? 궁금하지 않나요?

3.

동시가 무엇입니까?

동시를 읽으면

할머니도
할아버지도

엄마도
아빠도

우리들 나이로
되돌아오신단다.

어린 시절로
되돌아 와서
너무 좋다고 하신다.

　　　　　　　　　　　　　　　-「젊어지는 비결」전문

　엄마, 아빠가 우리들 나이로 돌아오게 하는 것입니다. 세월은 무정하게 흘러도 동시와 함께하면 타임머신처럼 어린 시절로 되돌린다고 하네요.
　동시를 나누는 모습은 아름답습니다.

우리 엄마
날마다 씨를 뿌린다.
올해도 책 농사 대풍

돈 안 되는 농사지만
가난한 사람에게
마음의 양식
양껏 나눠준다.

　　　　　　　　　　　　　　　-「책 농사」전문

동시집을 만듭니다. 글의 씨앗을 뿌리고 글 농사가 잘되면 책 농사도 풍년이 됩니다. 책은 마음의 양식이니까, 그 양식을 가난한 이들에게 양껏 나눠줍니다.

오원량 시인은 어떤 분일까요?

　　들판에 앉아
　　과일을 먹고 있는데
　　벌이 날아들어 윙윙거린다.

　　- 나 꽃 아니야!
　　- 나 꽃 아니야!
　　　　　　　　　　　　　　　　　-「착각」전문

꽃은 아니라고 합니다. 산에 오르거나 들판에 앉아서 과일을 먹노라면 벌들이 날아오기도 합니다. 벌들에게 외칩니다. "나 꽃 아니야!"라고요. 그러나 벌들이 착각한 것이 아니라 시인 중에서 꽃이라는 것을 이미 알았나 봅니다.

　　너도 엄마한테
　　혼났구나!

　　구석 찾아
　　숨어 있게.
　　　　　　　　　　　　　　　　　-「집 먼지」전문

깨달음이란 스스로 자신을 아는 것입니다. 시인이라고 우쭐거리거나 자랑할 줄 모릅니다. 차분하고 조용합니다. 우주에서 보면 사람은 먼지보다 작은 존재라고 하던가요. 그래서 인간은 별이 남겨 놓은 먼지로 만들어진 존재라고 했지요. 먼지가 되어도 좋습니다. 마냥 조용히 살고 싶습니다.

   마음이 참 따뜻합니다.

   띵동!
   선물입니다.

   묵직한 선물 박스를
   현관문 앞에 놓고
   얼굴도 안 보여주고
   금새 사라진다.

   매일 집집마다
   무거운 선물 상자를
   문 앞에 두고
   힘들지 않으신지

   또 다른 집으로
   쌩 달려가는
   택배 아저씨

   감사합니다.
   수고하셨습니다
   한 보따리 지고
   가는 길이 좁다.

                                      - 「날마다 산타」 전문

   택배 아저씨가 상품을 갖다 놓습니다. 아저씨는 띵동! 초인종만

눌러놓고 다른 곳으로 향합니다. 쌩 달려가는 아저씨의 바쁜 일정을 보면서 그의 행동에 고마워합니다.

남을 미워하거나 원망할 줄 모릅니다.

    내 앞에
    빈자리 하나 있다.

    주위 노약자를 찾는 사이
    어떤 누나가 얼른 앉았다.

    하마 같은 누나도
    많이 허약한가 봐.

-「지하철 역에서」전문

지하철에서 빈자리가 하나 생깁니다. 앉고 싶어도 노약자께 양보하기 위해 둘러봅니다. 그사이 어떤 누나가 그 자리를 차지합니다. 순간, 미움이 솟았겠지만 '누나도/ 많이 허약한가 보다' 하면서 위안을 합니다.

가난이 오히려 희망과 꿈이었습니다.

    작고 구부러진 길
    구불구불 가다보면
    우주정거장 같은
    우리 집

    캄캄한 밤하늘 아래
    누워 있으면
    별들이 숨바꼭질 하는 곳

순간,
나는 우주인이 되어
둥둥 떠돌다가
잠들곤 하지.

-「골목집」 전문

 우리 집은 도시와 좀 떨어진 구불구불 구부러진 골목에 있습니다. 캄캄한 밤, 별들이 숨바꼭질하는 모습은 외로움이나 두려움이 아니라, 우주를 떠도는 우주인이 되는 꿈이었습니다.
 부모님에 대한 그리움은 대단합니다. 낮달에도 엄마가 그려집니다.

구부정한 허리
조그만 바람에도
넘어질 것 같다.

두고 온 가족
못 잊어
저리도 서성거리는

하늘나라에 계신
울 엄마!

-「낮달」 전문

 낮달의 구부정한 모습이 곧 넘어질 것 같은 엄마의 모습입니다. 엄마는 가족을 잊지 못해서 낮달이 되어 떠 있나 봅니다.
 자연에 대한 사랑과 애정은 대단합니다.

나무 의자가 돌아왔네.

반갑다고
신기하다고

잠자리도 앉았다 가고
고양이도 앉았다 가고
구름도 걸터앉았다 간다.

들꽃도 앉고 싶다고
다리에 붙어
낑낑대며 올라가고 있다.

- 「버려진 의자」 전문

    나무 의자가 버려져 있습니다. 돌아왔다고 했으니까 나무가 살았던 산기슭일 것입니다. 반갑고 신기해서 잠자리, 고양이와 구름이 앉았다 갑니다. 들꽃도 앉고 싶어서 다리를 붙잡고 낑낑대며 오릅니다. 생명이 있는 들꽃까지 사랑의 세계 안으로 끌어들여야 마음이 놓이나 봅니다.
    왜? 우리 엄마가 계모가 되었을까요? 고개가 갸웃해집니다.

찬우 엄마가 우리 엄마보고
실력 있는 원어민 선생님 있는
영어학원에 우리들을 보내자고 했다.

엄마는 나한테 물었고
내가 학원에 다니기 싫다고
안 간다고 했다.

어느 날
나를 존중한 우리 엄마
졸지에 계모로 낙인 찍혔다.
  -「우리 엄마가 계모란다」전문

생활이 곧 시이기 때문에 생활 속에서 얻어지는 소재도 참 재미있게 서술합니다. 나를 학원에 보내지 않은 것은 내 의견을 존중한 때문입니다. 그것도 모르고 찬우 엄마는 우리 엄마가 계모이기 때문에 학원도 보내지 않는다고 합니다. 어떻게 해야 오해가 풀릴까요?
이상에서 오원량 시인의 동시세계의 일부라도 살펴보았습니다. 어떤가요? 차분하고 겸손한 그의 동시가 수줍게 눈빛을 보내는 것 같지요. 사랑하고 감사하는 마음도 얼마나 소중하게 담겨 있는지 알 수 있습니다.

4.

2022년 7월입니다. 동시 공부를 더 하겠다며 '아름다운 동시교실'을 찾아왔습니다. '아름다운 동시교실'은 동시를 공부하는 분들이 모이는 곳입니다. 막 구워낸 뜨끈뜨근한 동시집 『하얀 징검돌』을 갖고 왔습니다. 표지를 넘겼습니다. "동시의 첫걸음 많이 조언해 주세요." 그리고 "항상 겸손한 자세로 배우고 싶습니다."라고 써놓았습니다. 이미 시인으로 등단하여 몇 권의 시집을 발간한 대단한 시인이지만, 동시를 더 배우겠다며 동시교실 회원이 됐습니다.
'시인의 말'은 한 편의 시였습니다. 개미의 발은 딱딱할까요? 털이 나 있을까요? "내 동시는 이렇게 개미보다／ 보이지 않는 개미 발바닥이 더 궁금하다."고 했습니다. 어쩌면 그의 동시는 신비와 환상과 이상을 찾아 떠나는 우주선일지도 모릅니다.

산에도 자주 다닙니다. 산에서 얻은 소재들이 시가 되었고, 그게 녹색문학상을 받게 해 주었으니까요. 산행은 어릴 때부터였다고 회상합니다. 시집 『흔들리는 연두』의 서문에서 산에 자주 다니는 이유가 있습니다. 산행을 하면서 성숙해진다는 것을 알았지만, 더 큰 이유는 "어느 날 산은 근엄한 스승이 되었다. 그 근엄한 스승이 그리워 산에 가고 또 간다."라고 했으니까 산에서 큰 스승을 만나나 봅니다.

2004년에는 부산문화재단이 훌륭한 시인이라고, 동시집 발간 지원도 해주었습니다.

끝으로 녹색문학상 수상 소감 일부를 소개합니다. '자주 산의 품 속에 들다 보면 나도 산을 닮아가고 있다는 것을 느끼게 된다. 산에 들면 말이 필요하지 않다. 계시 같은 말씀만 들린다. 가만히 들으면 마음이 넉넉해진다. 마냥 겸손해지고 겸손해진다.'

이 동시집도 산을 닮은 게 틀림없습니다. 군말이 필요 없고, 하늘의 말씀이 들리고, 마음이 넉넉해지고, 겸손해지거든요.

산타 할머니가 보낸 『날마다 산타』를 읽으면서 우리도 산타 어린이가 되면 어떨까요? 나보다 남을 위하고, 감사할 줄 알고, 작은 것의 가치와 그것에도 사랑과 온정을 베풀면서 날마다 기쁨과 즐거움에 넘쳤으면 좋겠습니다.

(2024 『날마다 산타』)

넉넉히 안아주는 바다 같은
-『따라온 바다』의 시인 오선자

"천○○씨를 아십니까?"

경남 고성군 동해초등학교가 첫 발령지다. 첫사랑이었으니까 돌이켜 보면 가슴이 훈훈해진다. 내 기억에 뚜렷한 제자를 들먹이다니….

"그럼! 내 제자지."

"제 남편의 절친입니다."

눈이 번쩍 띄었다. 한 번 제자라면 영원한 관계 아닌가. 그때부터 '제자의 부인'이 되어버렸다.

그렇게 인연이 되어, 내가 제17회 이주홍아동문학상을 수상할 때 부산 KBS 방송국 어린이 합창단원이었던 그의 큰딸 최선아는 축가를 불러주었다.

선생도 체면이 있지. 그러나 워낙 야무지게 제 할 일을 잘하고, 좋은 문학을 하니까 별로 도와줄 게 없다. 그나마 제2 동시집『입맞추는 햇살』(1998, 아동문예)에 발문을 썼고, 출판기념회를 할 때 서평으로 격려해 주었다.

오선자!

1994년 계간『한글문학』에 동시가 당선되고, 이듬해 월간『아동문예』에 재당선된다. 첫 동시집『노래 숲의 아이들』(1995, 해우)을 간행하고, 제2 동시집『입맞추는 햇살』을 상재한 후, 제23회 부산아동문학상을 수상한다. 제4 동시집『쨍쨍 해님의 말씀』(2006. 아동문예)은 제3 동시집『꽃을 깨우는 엄마』(2001, 대산) 이후 꼭 5년만이다. 그 후,『꽃잎 정거장』(2011. 세계문예),『그물에 걸린 햇살』(2016, 어린른이),『신발의 수다』(2020. 해성)와『따라온 바다』(2021, 해성)를 상재한다.

『따라온 바다』는 제21회 최계락문학상 수상작이다. 심사평(선용, 이정석)은 '『따라온 바다』에 실린 동시 56편은 모두 바다에 관한 동시다. 묵직한 주제와 함께 지구 온난화의 조절자 역할을 하는 바다의 중요성이 부각되는 최근 상황과 맞물려 바다에 대한 다양한 상상력이 잘 나타나 있고, 활력 넘치는 해양의 도시 부산에 걸맞은 작품들이라 할 수 있다.'라고 했다.

1. 조용한 품성

제2 동시집『입맞추는 햇살』에「사랑과 순수가 빛나는 노래들」이란 주제로 발문을 썼다.「우리 가족」을 만났고, 조용한 품성의 한국 여인을 보았다.

외식한다고
모양내고
나갔다가

아빠는
우리 즐겨 먹는
피자 먹자 하시고

우리들은
엄마 아빠
좋아하는
밀면 먹어요.

노을 속에서
가족 싸움
한 그릇

오히려 배가 부르다.
- 「우리 가족」 전문(『입맞추는 햇살』)

 가족이 외식하러 나간다. 상당히 들뜬 기분이었을 것이다. 그러나 무엇을 먹을 것인가 정해져 있지 않아 잠시 다툰다. 사랑과 배려의 싸움에 노을빛이 아름답게 깔려 있으니까 이보다 배부른 풍경이 어디 있을까?
 엄마는 독선을 보이지 않는다. 오직 가족의 화합과 행복을 위하여 잔잔한 미소를 띠며 지켜볼 뿐이다. 조용한 품성의 한국 여인은 곁에 서 있다.
 한복 입은 모습을 보았다. 지난 해 11월, 제21회 최계락문학상 수상식장에서다. 연분홍 저고리와 자주색 치마가 잘 어울렸다는 기억이 난다. 그러나 조용하지도 않았다. 그의 문학성이 수상의 자리에 오르게 했을 텐데, 수상의 영광이 들뜨게 했나 보다. 이 자리에 올라서게 해준 분들과 하객 모두에게 감사의 인사를 날렸다. 순박하고 가식이 없어 기분이 좋았다.

> 늦은 밤까지
> 공부하고 있으면
> 눈 나빠진다고
> 걱정하는 아빠랑
> 두 손 꼭 잡고
> 이야기하는 밤은
> 피로가 풀려요.
> 잠이 잘 와요.
>
> -「아빠」제2연(『입맞추는 햇살』)

아빠가 가정의 중심이 되니까 아이들도 즐겁고, 기운이 나고, 피로가 풀리고, 잠이 잘 온다고 했다. 세르반테스의「돈키호테」에도 '아빠가 확고하게 지배하는 가족 속에는 다른 곳에서 찾아보기 힘든 평화가 깃들인다'고 했던가. 행복한 가정은 미리 누리는 천국이다. 그는 목소리를 높이지 않는다. 아빠를 존중하고 앞세운다.

> 우리 가족
> 해운대 해수욕장에서
> 물놀이하고 왔다.
>
> 파도와 숨바꼭질하던
> 모래알
> 꼭꼭 숨어 있다가
> 한꺼번에 쏟아져 나왔다.

수영복 몰래
운동화 몰래
튜브 몰래
나도 몰래
바다가 따라왔다.

-「따라온 바다」전문(『따라온 바다』)

가족애가 남다르다. 가족이 해운대 해수욕장에 놀러 간다. 놀이터나 해수욕장도 그 자체의 존재가 중요하지 않고, 가족 안에서 존재해야 가치롭다. 그러니까 바다도 따라오는 것이다. 가족만큼 크고 위대한 것이 없으니까.

2. 봉사활동

세상에
왔으니까

나도
봉사활동 해야지.

목소리 하나로
남을 기쁘게
세상을 푸르게.

-「매미·1」전문(『쨍쨍 해님의 말씀』)

매미 울음소리를 듣고 봉사활동이라고 착상한 것은 얼마나 기발한가. 매미소리도 허투루 들리지 않겠다. 매미는 목소리 하나로 남을 기쁘게, 세상을 푸르게 하고 싶은 봉사활동을 하고 있다.

그는 방과 후 교육활동으로 오랫동안 초등학생 글쓰기 지도를 해 왔다. 정규 교육활동이 아니기 때문에 희생을 감내해야 한다. 디지털고등학교 자원상담교사와 레츠 미화당 문화교실에서 글짓기 강사도 해냈다. 동아대학교 교육대학원에서 사회복지학을 전공하고, 동주대학교 유아교육학과 겸임교수로 임용되어 사회복지정책론을, 심리상담학을 더 공부하고 연구하여 심리상담 1급 자격을 취득하면서 정신건강론을 강의하기도 했다. 초등학교에서 대학 강단까지 두루 섭렵한 셈이다. 정말 다양한 이력이다. 그 과정에서 가시밭길을 걷는 아픔이 없었으랴! 요즘에는 부산 장애인 복지연합회에서 그들을 위한 상담활동을 하고 있다. 이마저도 봉사활동이란다. 정말 매미처럼 남을 기쁘게, 세상을 푸르게 한다.

부산문단에서도 그의 활동이 눈부시다. 부산문협은 1천 5백여 명의 회원을 거느린 큰 단체다. 지난 3년간 부회장직을 맡아 봉사활동을 했다. 요즘 임원 되기를 꺼리는 것이 추세 아닌가. 그야말로 봉사활동을 해야 하는 자리니까.

그의 문학도 봉사활동처럼 빛난다. 뛰어난 상상력이 빛난다.

집안이
밝아졌습니다.

아주
특별한 전등입니다.

집안이
상쾌해졌어요.

아주
특별한 박하사탕입니다.

-「꽃병」 전문(『꽃잎 정거장』)

꽃이 무엇인가? '특별한 전등'이고, '특별한 박하사탕'이다. "그런 엉터리가 어디 있어?" 하고 되묻는다면 상상력의 깊고 넓은 세계를 모른다는 것이다. 그는 상상력의 망원경으로 바라보고 있기 때문에 상상력 깊은 동시를 만들어낼 줄 안다.

꽃잎이
날개인지

나비가
꽃잎인지

꽃잎이 떨어질 때

마치
나비 떼의
습격 같아.

-「벚꽃」 전문(『꽃잎 정거장』)

벚꽃이 떨어지는 것을 보고 '마치/ 나비 떼의/ 습격'이라고 보았다. 얼마나 새롭고 산뜻한가. 시인의 상상력이 만들어낸 창조의 세상이 어떤 것인지 느끼게 한다.

바다처럼
가슴이 넓은 사람이

되고 싶다.

바다처럼
속 깊은 사람이
되고 싶다.

뱃길도
열어주고
어부의 일터도
내어주는.

-「등대의 꿈」전문(『따라온 바다』)

바다처럼 가슴이 넓고, 속 깊은 사람이 되고 싶다. 뱃길도 열어주고, 어부의 일터도 내어주고 싶다. 그처럼 베풀고, 봉사활동하고 싶은 포부가「등대의 꿈」이었다.

3. 아름다운 욕심

동시는 아동들이 주독자이기 때문에 그들에게 어떤 메시지를 주고 싶다. 그것이 겉으로 드러나 버리면 문학성이 감소되지만, 그걸 감수하면서도 더 안겨주고, 가르쳐주고 싶으니 욕심 아닌가.

- 행복을 그려 주세요
화가 아저씨께
부탁해야지.

- 기쁨을 들려 주세요
음악 선생님께
부탁해야지.

가족에게
친구에게
이웃에게도 나눠줘야지.

행복의 꽃
기쁨의 꽃
피어나도록.
-「행복과 기쁨」전문(『쨍쨍 해님의 말씀』)

화가 아저씨와 음악 선생님에게 부탁하면 행복과 기쁨을 얻을 수 있을까? 비록 이상세계라도 행복의 꽃, 기쁨의 꽃이 피는 세상을 소망한다. 그가 꿈꾸는 세상이다.

좀 있다 해야지,
미뤄놓고

쉬운 거니까
또
미루다가

안 돼!
안 돼!

시간이
나보다 먼저
달려가네.
-「숙제」전문(『쨍쨍 해님의 말씀』)

좀 있다 해야지 하면서 미루고, 쉬우니까 미루는 그런 일은 없어야 한다고 가르치고 있다. 시간이 나보다 먼저 달려가니까. 금지어까지 써가며 시간의 중요성을 알려주고 싶다.

    양 백 마리 세어도
    거꾸로 숫자 외우기 해도
    잠이 오지 않더니

    시험공부할 때는
    언제 찾아왔는지
    눈 위에 앉아 있는

    너도
    청개구리지.
                   -「잠」전문(『그물에 걸린 햇살』)

잠자기 위해서 양 백 마리를 세고, 숫자를 역으로 세어 보기도 한다. 그런데 시험 공부할 때는 나의 결심과는 달리 언제 찾아오는지 눈 위에 앉아 있다. 잠에게 '너도/ 청개구리지' 하며 단도직입적으로 내뱉는다. 그게 잠에게 하는 소리겠는가. 어떤 고통도 참을 줄 알아야 훌륭한 사람으로 자란다는 것을 가르치고 싶다. 그러니까 따끔한 충고도 마다하지 않는다. 아름다운 욕심이 많으니까.

가족애는 남다르다. 가족의 행복을 위해서 조용한 품성으로 독선을 보이지 않는다. 강단과 문단에서는 남다른 봉사활동을 하고 있다. 방과 후 교육활동으로 글쓰기 지도를 했고, 대학에서는 겸임교수였다. 요즘에는 부산 장애인 복지연합회에서 장애인들을 위한 상담활동을 하고 있다고 하니 봉사활동이 체질화되었나 보다. 부산문협에서는 부회장으로 봉사활동을 마다하지 않았다. 또한 아이들이 훌륭하게 자라길 소망하니까 아름다운 욕심을 드러내지 않을 수도 없다.

그의 주된 성정은 '순수와 사랑'이다. 그래서 표정과 미소까지 맑고 순박하다. 그의 문학은 비유가 인상적이고, 문장도 차분하고, 감정이 노출되지 않아 읽을수록 감칠맛이 난다. 또한 상상력이 풍부해서 감탄을 자아내게 한다.

끝으로 『따라온 바다』(2021, 해성)의 서문 일부를 옮긴다.

'우리는 자연과 더불어 살아가면서도 자연에 대한 고마움을 잊을 때가 많다. 숨을 쉴 수 있는 맑은 공기, 목마를 때 마시는 시원한 물, 마음 답답할 때 찾아가는 엄마의 품같이 안아주는 넉넉한 바다.'

그렇다. 그가 바다다. 엄마의 품 같이 안아주는 넉넉한 바다다.

(『열린아동문학』 2022. 봄)

공사 중인 '예쁜' 세상과 착상의 상승작용
- 박선미 동시집 『지금은 공사 중』

　보편적인 개념에 의존하는 인상비평의 글이긴 하지만, 그런 글이라도 쓰고 싶은 책이 있다. 박선미의 동시집 『지금은 공사 중』(2007, 21문학과 문화)도 마찬가지다.

　8전9기. 권투선수에게 있을 법한 말이지만, 마침내 2007년도 부산일보 신춘문예의 관문을 통과하면서 답답하고 긴 터널(아마추어 아니면 지역 문학가라는 의식)에서 벗어났다. 그동안 그의 동시가 사랑을 받지 않은 것은 아니었지만, 문학가로서의 존재 정립을 분명히 하기 위하여 떳떳이 재도약하고 싶었나 보다. 당선의 영광은 첫 동시집에서도 빛나고 있었다.

　제목도 당당했다. 무엇을 공사하고 싶은지 『지금은 공사 중』이다. 과연 그가 공사하고 싶은 세계는 무엇일까? 그가 추구하고 싶은 '예쁜' 세상에 대한 규명과 상승작용을 일으키는 기발한 착상, 그리고 그의 동시에서 보이는 교훈성 등을 중심으로 그의 동시의 한 특성이라도 규명해 보고자 한다.

　그의 동시를 읽으면 정직하고 따스하다는 느낌이 든다. 그것은 그의 인생관이 건강하기 때문이겠지만, 주제를 그곳에 초점을 두고 착상하기 때문이 아닐까. 요즘 동시들이 신선감을 주기 위하여 기교나 재치에 빠져 잘된(?) 동시인 것처럼 자처하는 이들에게는 시사하는 바가 크다.

1. 공사 중과 '예쁜' 세상

'예쁜'이란 수식어가 눈에 자주 띈다. 9편의 동시(15%)에서 나타난다.

> 모퉁이 빈터에도/ 예쁜 꽃나무도 심고 있거든 -'지금은 공사 중'
> 예쁜 생각 고운 말/ 놀라와서/ 딩동딩동/ 누를 수 있게 -'마음 그리기'
> 또박또박/ 예쁜 글씨/ 네 이름 적힌 공책 보았지.
> 내가 건넨 한 마디에/ 예쁜 보조개 살짝 보여주었지. -이상 '징검다리'
> 예쁜 생각 들어갈 자리/ 비워 놔야지 -'물구나무 서기'
> 연둣빛 예쁜 손/ 보았기 때문이지요. -'새 봄'
> 더 예쁜 마음으로/ 피어납니다 -'지우개'

등의 동시에서 만날 수 있다. 평소 '예쁜'이란 단어에 애착을 가지고 있는지 알 수 없지만, 작품을 통하여 전달하고 싶거나, 구현하고 싶은 세계를 '예쁜'으로 집결시켜도 별 무리가 아닐 것 같았다.

대체적으로 '예쁜'은 두 가지 성향을 보이고 있다. 하나는 '예쁜 꽃나무', "예쁜 글씨" 그리고 "예쁜 보조개" 등에서 보듯이 단순히 예쁜 모습 그대로이고. 다른 하나는 '예쁜 마음', '예쁜 생각'에서 보듯이 '예쁜'이 갖고 있는 추상적 개념이다. 이 개념에서 그의 '예쁜' 세계는 어떤 것일까? 아직은 공사 중일지 모르지만, 그의 '예쁜'

세계의 일부분이라도 규명해 보자.

> 어제는 정말 미안해
> 별 것 아닌 일로
> 너한테 화를 내고
> 심술부렸지?
>
> 조금만 기다려 줘
> 지금 내 마음은
> 공사 중이야.
>
> —「지금은 공사 중」 앞부분

화를 내고 심술부린 것이 마음에 걸린다. 그래서 수도관 공사를 하듯이 내 마음도 공사하고 싶다. 화자는 공사가 끝날 때까지 참아 달라고 한다. 그때는 공사 후의 잘 단장한 모습처럼 예쁜 내 마음을 보여줄 수 있으니까.

> 누군가
> 마음을 그려보라면
> 동그랗게 그릴 거예요.
>
> 온 누리에 골고루 사랑을 나눠주는
> 해님 닮은
> 동그란 마음
>
> —「마음 그리기」 앞부분

'예쁜'의 정체는 동그란 마음이다. 온 누리에 사랑을 나눠주는 해님 닮은 모습이 그 마음이다. 그리고 후반부에 나타난 바다 닮은 파아란 마음도 '예쁜' 세상이다. 그런데 그런 마음은 형태가 모호하기 때문에 초인종 하나 그려 붙인다. 집에 찾아와 초인종을 누르는 친구의 모습으로 표현하고 있다.

밝은 웃음 가진 사람
따뜻한 손 가진 사람
찾을 수 있어.

내가 가진 행복
아무도 모르게 나누어 주는
그 사람 눈에만 보이는
보물 쪽지

보이지?
마음의 숲 바스락거리는 낙엽 속
행복 한 줌.

- 「보물 찾기」 뒷부분

보물찾기 체험을 바탕으로 서술한 동시다. 보물은 누구에게나 보이는 것이 아니다. 밝은 웃음, 따뜻한 손을 가진 사람만이 찾을 수 있는 거한다. 보물 쪽지는 그런 사람 눈에만 보여야 한다. 보물 쪽지가 기쁨이고 행복이니까. 그러니까 밝고 따스함이 넘치는 세상을 염원하는 것도 그의 '예쁜' 세상의 하나다.

이 세상엔
착하다는 말도 있는 걸
이 세상엔
바르다는 말도 있는 걸

더 귀한 말이
무엇인지 알았을 때
내 마음의 키는
한 뼘 더 자라고

내 기쁨은
두 배가 되지.
　　　　　　　　　　　　　　　　-「기쁨 두 배」뒷부분

　칭찬은 고래도 춤추게 한다. 칭찬하는 세상도 그가 바라는 것이다. 특히, 귀한 말이란 착하고 바른 말이다. 그런 말을 사용할 때 마음의 키도 자라고, 기쁨도 두 배로 넘친다는 것이다.

삼일 뒤에 어버이날 돌아오는 건
까마득히 잊어버린
한심한 나를 어쩌지?

마음이 콕콕 찔려
마음이 콕콕 찔려.
　　　　　　　　　　　　　　　-「마음이 콕콕 찔려」뒷부분

　그의 '예쁜' 세상이 싫어하는 것은 무질서와 약속을 지키지 않는 것이다. 그래서 질서와 규칙을 중시하게 한다. 그것도 지배적 인상을 심어주기 위하여 마음이 콕콕 찔리게 하고 있다.
　이 외에도 그가 추구하고 싶은 '예쁜' 세상은 그의 동시 전편에 깔려 있다. 서론에서도 밝혔지만 그의 착상 동기가 거의 '예쁜' 세상과 맥을 하고 있기 때문일 것이다.

2. 기발한 착상과 상승작용

선생님은
날마다
뜨개질을 하신다.

보물찾기 예쁜 쪽지
야영 때 본 별자리를 엮어서
색깔 고운 무늬를 넣고

운동회 때 힘찬 함성
학예제 때 멋진 합창으로
빛깔 고운 무늬를 넣으신다.

어쩌다 잘못 뜬 코는
풀었다가 다시 짜고
또 다시 짜서
새 학년 소중한 밑거름되라고

선생님은
일 년 내내
뜨개질을 하신다.

- 「뜨개질」 전문

 선생님도 뜨개질을 하실까? 학교에서 일어나는 모든 교육활동이 선생님의 뜨개질이란다. 소풍, 야영, 운동회 그리고 학예제까지 모두 뜨개질에 사용할 털실이다. 그 실들은 색깔이나 빛깔 고운 무늬가 된다. 선생님은 잘못 꿰면 다시 짜기도 하면서 일 년 내내 뜨개질을 하신단다. 어쩌면 우리 아이들의 소중한 꿈을 뜨개질해 주기 위하여. 동시도 비유가 참신하고 착상이 기발하니까 의미의 상승작용이 강해진다.

바깥에선 열리지 않아도
안쪽에선 언제나
쉽게 열려야한다지
즉시
알 수 있어야한다지

어두운 곳에서
환하게 불을 켜고 있는 비상구

아무리 큰 잘못을 저질렀어도
너그럽게 용서해주지
아무리 투정부려도
따스하게 안아주지
얼굴빛만 보아도
무슨 일이 있나 금방 알아차리지

언제나 급하면
달려갈 수 있는 비상구

우리
어머니

-「비상구」전문

어두운 곳에서도 불을 켜고 있는 비상구! 예사롭게 보아 넘기면 그냥 비상구일 뿐이다. 그러나 그의 착상의 그물에 걸리면 엄청난 변화를 가져온다. 그게 형상화란 거다. 형상화란 어찌 보면 불합리이지만 그 속에서 예리한 변용을 가져와야 한다. 가령 비상구를 우리 어머니로 만들어버리는 상상력이니까. 형상화를 위한 고민이 시편마다 보석처럼 반짝이고 있다.

돌은 돌이라고
슬퍼하지 않아

서로의 몸을 포개고
서로의 몸을 기대어
마침내
비바람에도 끄떡없는
탑을 만들지

그래서
사람들은
돌 위에 돌을 얹으며
소원을 빌지.

- 「돌의 기쁨」 앞부분

돌멩이도 발밑에 놓여있을 때는 하찮은 것이다. 그러나 그것이 탑이 되면 돌의 이미지가 완전히 달라지고 만다. 서로의 몸을 포개고 기대어 탑이 되면서 성스러운 기도의 대상이 되고 만다. 그의 동시도 마찬가지다. 하찮은 대상이라도 그는 탑을 만들 줄 안다. '아직도 공사 중'에는 이런 수법을 만나면서 읽는 것도 즐거워지게 한다.

보통 비유는 원관념과 보조관념 사이의 거리로써 본격적인 상사성을 추리하게 한다. 그의 동시에서는 상당히 거리를 두고 있다. 그것은 동시를 읽으면서 의미의 상승작용을 꾀하려는 의도라고 볼 수 있겠다.

3. 교사의 목소리

동시의 교훈성은 목적일 수 있다. 그러나 너무 드러나면 식상할 수 있다.

> 정말 이상하지?
> 입 속에 숨겨둔 껌 하나
> 언제 보았을까
> - 여기 뱉어.
> 눈앞에 펼쳐진 넓적한 손바닥
>
> 정말 이상하지?
> 칠판에 글씨 쓰시면서
> 언제 보셨을까
> - 준호, 필기 안하고 뭐하는 거야.
> 귀신같이 아신다.
>
> -「선생님처럼」앞부분

선생님은 귀신이다. 수업하면서도 다 본다. 입 속의 껌 하나, 필기 안 하고 딴전 피우는 행동까지 다 본다. 그러나 이 동시의 후반부에는 선생님 행동이 얼마나 중요한가를 가르치고 있다. 아이들은 선생님의 모습을 닮아가기 때문에. 그래서 '뒤통수에는 눈이 달릴까/선생님처럼 어른이 되면/감춰둔 거짓말 단번에 알 수 있을까//선생님처럼'이라고 표현하고 있다.

교사이기 때문에 아이들에 대한 애정이 남다르다. 어쩌면 지나친 걱정이 아닐까 할 만큼.

반짝이는 마음이
새 일기장과 악수를 나누면

마음의 깊은 곳에서
-더 열심히 공부해야지.
-더 의젓해져야지.

연초록 새싹처럼 솟아오르는
새 학년
새 다짐

- 「새 학년」 뒷부분

　엄마나 선생님은 우리 아이들이 열심히 공부하고 의젓하게 자랐으면 좋겠다는 욕심을 가지고 있을 게다. 모두 가르치는 입장이니까. 특히, 교사들은 삶의 환경이나 공간이 학교이고 교실이며, 대상이 아이들이니까 동시의 소재들도 자연적으로 그쪽으로 쏠리게 된다. 또한, 그런 마음으로 쓴 동시들은 교훈성을 상당히 드러내게 된다. 이것은 동시의 강점이기도 하겠지만 어쩌면 약점일 수 있다.

내가 암만 개구쟁이래두
한 가지쯤 잘하는 게 있지.
줄넘기 못하는 짝꿍에게
이단뛰기하는 법 가르쳐 준 적도 있는 걸.

- 아유, 너 때문에 내가 못 살아.
- 도대체 누굴 닮아 잘하는 게 없니?
이럴 때
영수증 있다면 척 내밀고 싶다.

날마다 졸졸 따라다니는
우리 엄마 잔소리
쏙 들어가 버리게.

- 「착한 일 영수증」 앞부분

  귀찮은 엄마의 잔소리이지만, 이것은 선생님의 마음과 다를 바 없다. 다만 선생님은 엄마의 잔소리 차원을 넘어서서 장점을 보여주고 싶다는 것이다. 그러나 아이들이 이 '착한 일 영수증'이 자신의 단점을 고치려는데 도움이 된다라고 생각할까, 아니면 엄마의 잔소리쯤이라고 치부해버릴까? 동시는 한 편을 발표할 때와 동시집으로 묶을 때의 상황은 달라진다. 교훈성도 반복되면 잔소리가 될 수 있다.

  주마가편이라고 하기에 채찍 하나를 더한다. 이것도 교훈성과 상당히 관계가 있지만, 은연중에 교훈성을 주입시키고 싶은 마음 때문에 빚어지는 현상이 아닌가 싶다. 지나친 수식어가 많이 보인다는 점이다. 절제와 암시를 주로 해야 하는 동시에서 이것은 아킬레스 건과 같은 것이었다.

  또한 동시의 범위를 한정하고 있는 경우도 보였다. '지하로 가는 계단 옆/ 헌 옷 수거함'(「헌 옷 수거함」) 등과 같이 제한적 표현이 동시의 상상력까지도 제약하지 않을까 노파심이 생기는 것이었다.

  세 가지 측면에서 박선미 첫 동시집 『지금은 공사 중』에 대한 일면을 고찰해 보았다. 그의 동시 세계는 '예쁜'이라는 말에 귀결시킬 수 있었다. 어쩌면 그것이 그가 공사하고 싶은 세상인 것이다. 부도덕과 무질서가 점점 무서운 세상을 만들고 현실을 걱정하고 염려해서가 아닐까. 그래서 '예쁜'에 집결시키면서 세상도 예쁘게 공사하고 싶은 것이다.

또한 착상이 기발하여 그것이 의미 상승을 일으키게 하는 좋은 요소로 작용하고 있다는 점이다. 이것은 그가 얼마나 치열한 시정신으로 시작업을 하고 있는가를 여실히 보여주고 있는 것이다. 그러나 그는 교사였다. 다수의 작품에서 교사의 훈계 같은 소리들이 묻어 있었으니까.

박선미의 첫 동시집 『지금은 공사 중』이 독자들에게 많은 사랑을 받고, 이를 바탕으로 더한층 성숙한 동시인이 되리라 믿는다.

(『예술부산』 2008. 3/4월호. 2023 『박선미 동시를 읽는다』에 재수록)

III

- 동심의 산성마을에 무슨 일이?
- '빛나'가 만난 참 살맛나는 세상
- 사랑과 눈 맞추기
- 천하무적이 된 남매의 응집력
- 전쟁 소나기를 겪은 어머니의 이야기
- 진짜가 나타났다

동심의 산성마을에 무슨 일이?
- 정재분 제5 동시집 『꽃잎의 생각』

1.

정재분 시인!

산성마을(부산 금정구 금성동)에서 어린이집을 운영하고 있습니다. 대구가톨릭대학 대학원에서 아동학을 전공하고, 문학박사 학위까지 얻었으니 그와 함께 지내는 어린이는 정말 행복하겠지요.

2000년 『한맥문학』 동시부문 신인상을 받으면서 등단합니다. 문단활동은 열정적이고 적극적이어서, 부산여성문학인회 회장, 부산가톨릭 문인협회 회장, 금정문인협회 회장 그리고 부산문인협회 감사를 역임했고, 계간지 『여기』와 『부산가톨릭 문학』 편집위원으로, 지금은 부산문인협회 아동문학분과 위원장으로 활동하고 있습니다. 또한 부산여성문학회 부설 '물소리' 시극단원으로 시극 『장산국』 『윤선도』 『훈민정음과 신미대사』 등에 출연하기도 했습니다.

깜짝 놀랄만한 재능이 또 있습니다. 합창의 지도와 지휘는 아무나 할 수 있는 것이 아닙니다. 음악대학에 지휘과를 따로 두는 것은 지휘의 비중이 크기 때문입니다. 한 때 부산문인협회에서 문인 합창단을 운영했는데, 그때 수석 지휘자가 정재분 시인이었습니다.

그의 능력에 감탄을 했지만, 아동문학가의 수준이 이 정도라는 것을 보여주는 계기라서 우쭐거리고 싶기도 했습니다.

동시집은 『이야기 주머니』(2012), 『둘이어서 다행이다』(2015) 그리고 『산성마을 아이들』(2017) 등이 있습니다. 그러나 동시집이라 하지 않고, 동심시집이라 명명했습니다. 동심시를 고집하는 이유는 동심의 세상은 어린이들만 있는 것이 아니라, 동심을 잃어가는 어른들에게도 있을 것입니다. 동심의 세상을 추구해야 한다면 동심시가 훨씬 수용의 폭이 넓지 않을까요?

수상은 부산가톨릭문학상, 한국시낭송상, 한국동서문학작품상, 전국꽃문화축제우수상 그리고 부산여성문학상 등입니다.

간혹 자신을 소개할 때,

"저는 정품의 밀가루입니다. 싸다고 불량품 쓰지 마시고 저를 꼭 찾아주세요."라고 합니다. 자신을 사랑하니까 이름이 예쁘고, 빛이 나지요.

2.

2015년 한국동서문학작품상을 수상한 「돌담」은 그의 대표작이라 할 만합니다.

큰 돌만 있다고
예쁜 돌담이 되겠니

그렇다고

작은 돌만 있다고
튼튼한 돌담이 되겠니

큰 돌 작은 돌
손을 잡아 섞여야
바람도 들어오지 못하지

어쩌다 담쟁이 넝쿨이
안아주면 좋고
거기다
나팔꽃도 한 송이 피어 있으면
더 좋겠지

혼자서
혼자서는 안 돼
함께
함께라야
힘이 되는 거지.

- 「돌담」 전문

『한국동서문학』(2015, 가을)에 실린 작품입니다. 작품성이 뛰어난 작품 하나를 골라 해마다 작품상을 수여하는데, 심사평(선용)은 '동시 「돌담」은 따뜻한 사랑이 느껴지는 작품이다. 돌 하나하나가 모여 돌담이 되듯 큰 힘이 되는 모습과 사물의 고향인 동심이 바탕에 깔려 있는 수작이다'라고 했습니다. 함께라야 힘이 되는 돌담의 에너지가 안아주기(holding)처럼 따뜻하게 느껴집니다.

'이온겸의 문학기행'은 유튜브 방송인데, 문인과 그 작품들을 소개합니다. 정재분 시인이 2020년 5월 6일에 출연했습니다. 동시를 쓰게 된 이유를 물으니 "길게 쓸 자신이 없어서"라고 솔직담백하게 답합니다. 초등학교 때 시조시인이신 담임 선생님의 영향을 받았지만, 정진채, 선용 선생의 지도가 큰 도움이 됐다고 합니다. 아이들과 생활하면서 영감을 많이 얻지만 작품성이 부족한 것 같아 늘 부끄러움이 크다고 합니다, 시낭송대회에서 자신의 동시가 낭송될 때의 보람은 컸다고 하고요.

3.

　제5 동시집 『꽃잎의 생각』(2022, 청개구리)을 먼저 읽었습니다. 동심의 산성마을에 무슨 일이 일어나고 있을까요?
　금정산은 금빛 나는 물고기가 오색구름을 타고 내려와 금빛 우물(금샘)에서 놀았다고 합니다. 주봉은 고당봉(801.5m)입니다. 산성이 조성된 것은 1703년 숙종 때라고 합니다. 임진왜란, 병자호란을 겪은 후, 국방에 대한 관심이 높아지면서 쌓았다고 하는데, 길이 17,371m, 성내면적 251만 2천 평, 성벽 높이 1.5m~3m 정도이며, 국내 산성 중에는 가장 규모가 큽니다. 금정산성은 사적 제215호로 부산의 동래 금정산 중턱 해발 450m에 자리 잡고 있습니다.
　산성마을은 네 개의 성문 안에 새색시처럼 다소곳이 앉아 있습니다. 이곳에서 어린이집을 운영하면서 아이들의 순박한 모습을 둥글둥글하고 생생한 시어로 그려냅니다. 그는 "아이들과 지내다 보니 자연스레 그들의 어여쁜 모습이 눈에 들어와 동시가 되었다"고 말합니다. 유머로 받아내는 재치도 대단합니다.

할머니와 보내는
시간이 많아서

할머니 말씀
들으며 자라서

가파른 길
오르기도 전에

- 이 무슨 고생이고?
하는 걸 보면

- 아이고 다리야!
- 아이고 허리야!

소리도 하겠다

- 「할머니 닮아」 전문

　부모님이 일터로 나가니까 할머니와 사는 어린이들이 많아집니다. 할머니가 계셔서 외롭지 않고 행복할 수도 있습니다. 그러나 걱정이 없는 것도 아닙니다. 할머니의 행동과 말씨를 닮아버리면 "이이구, 허리야!" 할 테니까요.
　그 재미는 「엄마가 달라졌어요」에서도 보입니다.

미용실에 다녀온 날
엄마가
달라졌다

- 애들아 맛있는 것 먹으러 가자~

아이스크림도 과자도
다음으로 미루던 엄마가
웬일이지?

'엄마가 매일 예뻐지면 좋겠다'

-「엄마가 달라졌어요」 전문

엄마가 미용실에 다녀온 후 달라졌습니다. 얼굴이 예뻐지니까 마음이 달라지고, 마음이 달라지니까 집안의 분위기와 아이들을 대하는 태도도 달라집니다. 읽는 기분까지 즐겁게 합니다.

할머니는
컴퓨터 게임도 못하니까

- 손은 비누칠해서
 뽀득뽀득
 씻어야 해~

- 채소를 잘 먹어야 튼튼해져
 꼭꼭 씹어요~

- 내가 손잡아 줄 게
 힘내요! 할머니

할머니 앞에서
내가 선생님

잔소리 꾼
꼬마 선생님

-「꼬마 선생님」 전문

아이들은 오히려 할머니가 걱정스럽습니다. 컴퓨터 게임도 못하기 때문입니다. 할머니는 못 하는 게 있으니까 가르쳐주어야지요. 그래서 '잔소리꾼/ 꼬마 선생님'이 되기도 합니다.

소나기가 지나갑니다. 무지개 줄넘기 놀이가 이루어집니다.

> 순이네 콩밭에서
> 후두둑 놀던 소나기
> 미루나무 꼭대기에
> 무지개 줄 걸어놓았다
>
> 한 쪽씩 잡고
> 줄 돌리기 하는지
> 참새 떼 폴짝 폴짝
> 신이 났다
>
> 　　　　　　　　　　　　-「줄넘기」 전문

공해가 심해지면서 무지개 보는 일도 드물어졌습니다. 그러나 산성마을은 그렇지 않습니다. 청정지역이니까요. 무지개가 걸립니다. 미루나무가 무지개 줄을 돌립니다. 참새들이 폴짝폴짝 뛰어오릅니다. 아름다운 산성마을의 풍경입니다.

> 바람 불고 비 오는 날
> 창문을 닫지만
> 꽃들은
> 바람과 빗물을 맞이합니다
> 아픔만큼 성숙해지는 걸
> 체험합니다
>
> 　　　　　　　　　　　　-「꽃들은 알지」

동심의 산성마을에 무슨 일이? | 157

바람 불고 비 오는 날은 창문을 닫습니다. 그러나 꽃들은 피하지 않고 맞이합니다. 왜일까요? 아픔을 겪으면서 성숙해지는 것을 체험하기 위해서입니다.

　　파도에 씻기고
　　깎여야 한다

　　몸을 부딪치는
　　아픔
　　견뎌내야 한다

　　납작하게 깎여야
　　새가 된대

　　물위를 날아가는
　　새가 된대

　　　　　　　　　　　　　　- 「물수제비처럼」 전문

참 겸손합니다. 파도에 씻기고 깎인 돌멩이가 '물 위를 날아가는/ 새'가 된다는 것을 알기 때문입니다.

　　휠체어에 앉아서
　　미사를 본다

　　가끔
　　그 분이
　　마음을 빼앗아간다

　　그 분을 위해

기도를 드린다

- 건강하소서
- 사랑합니다

－「미사시간」 전문

가톨릭 신앙이 몸에 배었습니다. 미사 시간에 휠체어에 앉은 분이 있습니다. 아마 몸을 움직이기 힘든 분일 것입니다. 그분에게 마음을 빼앗깁니다. 그분을 위해 기도합니다. '건강과 사랑'을 나눕니다. 거룩한 마음이 돋보입니다.

손님맞이 바빠도
잠시 쉬라고
동창회가 열린다

모두
같은 학교 동창생이라서

할아버지도 선배님
아버지도 선배님

오늘 부어주시는
막걸리 한 잔은
선배님의 선물

얼굴이 붉어져도
오늘은
동창생이 어울리는
산성마을 잔칫날

－「막걸리 동창회」 전문

산성마을 이야기도 하고 싶습니다. 제3 동시집 『산성마을 아이들』
에서 못 다한 이야기들입니다. 이곳에서 오래 살다 보니 가족이 모
두 동창생입니다. 잔칫날은 가족이 아니라 동창회가 됩니다. 동창
생끼리니까 잔치가 더 즐겁고 편안해집니다.

    풀꽃의 이야기에
    귀 기울이며

    작은 그릇에 가득 찬
    맑은 샘물
    설렘과 떨리는 마음으로

    햇살 한 자락
    꽃봉오리마다 옮겨 앉는
    어깨춤을 보며

    다시
    옹달샘 물소리 같은
    아이들의 마음을 모아서

    노래를 쓰고 싶다
    글을 쓰고 싶다

                                      -「기다림」 전문

좋은 글은 그냥 오는 게 아닙니다. 소재를 찾아내기 위한 부단한
노력이 있어야 합니다. 「기다림」은 좋은 글을 쓰기 위해 얼마나 노력
하고 있나를 보여주는 시인의 태도입니다. 풀꽃에서, 샘물에서, 햇살
한 자락에서도 동시를 찾아냅니다. 그러나 흡족하지 않습니다. 그래

서 '옹달샘 물소리 같은/ 아이들의 마음을 모'우고 있다고 하네요.

거미줄에
뛰어 내려

오늘은
비단실 그네를 타고 놉니다

바람이 등을 밀어주고
햇살이 손뼉을 칩니다

꽃으로 살아온 것이
자랑스럽습니다

- 「꽃잎의 생각」 전문

시인은 꽃으로 살아온 분입니다. 문득 거미줄에 걸린 꽃잎이 비단실 그네를 타고 노는 걸 보면서 깨닫습니다. 시인은 꽃! 얼마나 멋집니까?

그의 동시는 화려한 장식이나 가식을 하지 않습니다. 비유나 상징보다 주로 동화(assimilation)에 의존합니다. 동화란 자신이 체험한 세계를 자신의 내부로 끌어들여서 그것을 인격화하거나 의인화하는 수법입니다. 그래서 구수하고 잘 읽혀집니다.

4.

이 동시집에는 마침표(온점)가 없습니다. 마침표는 끝을 의미하지요. 그러니까 현재의 삶을 영원히 이어가고 싶습니다.

환상적이거나, 기교를 부리거나 통통 튀는 기발함은 없지만, 성벽처럼 듬직하고 투박하게, 물 흐르듯 자연스럽게 담화를 나누듯, 이웃의 손을 잡아주는 따스함이 넘칩니다.

그는 '이온겸의 문학기행'에서 외롭고, 소외된 이웃을 위해서 따뜻하게 위로하고, 응원하는 글을 쓰고 싶다고 했습니다. 세상의 아이들은 사랑받아야 할 주체니까, 사랑과 감사가 넘치는 세상이 되어야 한다고 강조합니다.

『꽃잎의 생각』은 다섯 번째 동심시집입니다. 이 시집은 메마르고 거칠어지는 이 세상을 산성마을처럼 맑고 푸르게 가꾸고 싶은 시인의 기도입니다. 또한 특유의 재치 넘치는 비유와 발상, 따뜻한 인간애 등이 더해져 깊은 감동과 재미를 줍니다.

또한 아이들과 함께 생활하고, 산성마을 토박이로 살아오면서 체험한 내용을 바탕으로 하고 있어 구체적이고 사실적입니다. 여기에 독창적이고 개성적인 표현을 만들어 낼 수 있는 뛰어난 시적 재능과 사랑과 감사라는 따뜻한 마음이 더해져 이 시집의 내용을 풍부하고 거룩하게 합니다. 읽는 재미가 쏠쏠합니다.

이 시집이 코로나19로 팍팍해진 우리의 마음에 동심의 온기를 심어주면 좋겠습니다. 온 누리에 동심의 별들이 반짝반짝 빛나기를 소망합니다.

(2022 『꽃잎의 생각』)

'빛나'가 만난 참 살맛나는 세상
- 성환희 제6 동시집 『빛나의 사계절』

1.

동시란 무엇일까요?

> 동시 한 편에는 한 편의 동화가 함축되어 있다고 생각해요. 짧은 이야기 한 편 한 편을 읽으며 우리 친구들이 만나게 될 상상의 세계가 궁금할 거예요.
> - 제2 동시집 『좋겠다, 별똥별』 서문에서

동시는 한 편의 동화라고 하네요. 그 상상의 세계가 궁금하네요. 제3 동시집 『인기 많은 나』에서는 '나는 길 위를 걸으면서 글을 씁니다. 길 위에서 만나는 모든 것들의 목소리를 휴대 전화 메모장에서 받아쓰기하여….'라고 했거든요. 영감이란 순간적으로 떠오르는 빛나는 생각인데, 길 위에서 만나는 모든 것들을 받아쓰기하는데, 그게 우리 친구들이 만나게 될 상상의 세계라네요.

> 책을 읽고 시를 쓰는 일은/ 마치 놀이처럼/ 즐겁고 행복한 일이야.
> - 제4 동시집 『놀래, 놀래』 서문에서

놀이처럼 즐겁고 행복한 일이 어디 있나요? 행복해지려면 독서하고, 동시도 읽어야지요.

> 내가 사랑하는 나를 끊임없이 설레게 하는 비와 바람과 그대와, 그대들은 참 고마운 선물입니다.
> \- 제1 시집 『선물입니다』 서문에서

비와 바람과 너까지 참 고마운 선물이랍니다. 나를 끊임없이 설레게 하는 것들이기 때문입니다. 그들을 사랑하는 설렘이 동시(시)랍니다.

> "어떡하면 행복하겠니?" 다시 물었어요./ "라면요! 라면 먹고 싶어요."/ 아이가 행복한 표정으로 대답했어요.
> \- 제5 동시집 『행복은 라면입니다』 서문에서

라면! 맛있죠? 동시는 먹고 싶은 라면이라네요. 그러면 동시 라면을 많이 먹어야겠네요. 행복한 표정을 위해서.

> 번번이 기차를 놓치고 또 다른 기차를 기다리면서 그러나 오늘도 애벌레처럼 꿈꿀 거예요. 설레고 빛날 거예요. 기적소리가 달려오고 있어요! 나비처럼.
> \- 제6 동시집 『빛나의 사계절』 서문에서

동시는 애벌레의 꿈입니다. 설레고 빛나는 것은 언젠가 나비가 되어 기적을 울리며 달려올 테니까요.

성환희 시인!

2000년 『문학세계』에 시가, 2002년에 『아동문예』에 동시가 당선되어 문학가가 됩니다. 대단한 문학가이기 때문에 지원도 남다릅니다. 정말 놀랍습니다. 환희 선생! 짱입니다.

첫 동시집 『궁금한 길』은 문화체육관광부에서 우수 교양도서로 선정되었고, 제2 동시집 『좋겠다, 별똥별』은 울산광역시 및 한국문화예술위원회 창작지원금을, 제4 동시집 『놀래, 놀래』는 울산문화재단 탄탄로 지원금을, 제2 시집 『바람에 찔리다』는 울산문화재단 책 발간 지원금을, 산문집 『내가 읽고 싶은 너라는 책』은 한국출판문화진흥원 우수출판콘텐츠 제작 지원사업에 선정되어 출간했습니다. 누구나 지원을 받는 게 아닙니다. 뛰어난 작품이 아니면 어림도 없습니다. 그 뿐이 아닙니다. 제5동시집 『행복은 라면입니다』는 울산문화재단 예술지원사업에 선정됐고, 금년(2023)에는 아르코창작기금 발표지원 동시 부문에 선정되었거든요.

청림문학상, 울산아동문학상, 울산작가상을 받았고, 제7회 경북여성백일장 시부문 장원, 고성 디카시 공모전, 황순원 디카시 공모전, 농어촌 디카시 공모전 등에 입상하여 상을 받았습니다.

2.

동화집처럼 재미있습니다. 이 동시집 『빛나의 사계절』(2023, 청개구리)에는 주인공 '빛나'가 빛나게 활동합니다. 주인공이 있는 동시집! 재미있을 것 같지 않나요?

나?
우리 학교에서 가장
키 작은
인사 잘하는
씩씩한
사랑스러운
즐거운

모두에게 행복을 주는! 나빛나
- 「빛나」 전문

'빛나'는 누구일까요? 키는 작지만, 인사를 잘해요, 늘 씩씩하고 사랑스럽고 즐거운 표정을 지어요. 모두에게 행복을 주는 아이콘이라네요. '빛나'를 만나고 싶지 않나요?

엄마의 확신을 믿어요

"네 고집이면
뭐라도 되겠다."는
그 말을 의심하지 않아요

동글동글 예쁘기까지 한
고집스럽고 단단한

나는, 호두예요
- 「자기 소개」 전문

'빛나'는 호두래요. 호두껍질은 동글동글 예쁘면서 단단한데, '빛나'는 그런 아이인가 봐요. 아마 고집도 좀 있나 봐요. 엄마가 그렇게 말했거든요.

태권도 관장, 레고디자이너, 화가, 수학 선생님, 군인, 달리기 선수, 발레리나, 과학자, 기상캐스터, 소방관, 유튜버, 큰 마트 주인, 여주인공, 마사지사, 빵집 요리사, 곤충채집가, 화이트해커, 아이돌, 치과의사, 시인
　　을 꿈꾸는

　　일학년
　　손태준, 서주원, 이지윤, 이상벽, 방유하, 독고찬, 김채영, 이은재, 김태운, 최호진, 유세민, 이민우, 김지유, 송요한, 성지율, 오승훈, 김준우, 최연서, 김현수, 나빛나
　　의 세상입니다

- 「내일은」 전문

1학년 교실입니다. 신입생들도 저마다 꿈을 안고 있네요. '나빛나'의 꿈도 찾아보세요. 꿈은 꼭 이루어진다네요. 여러분의 꿈도 이루어질 것입니다.

　　민준, 오늘 참 멋있구나
　　준하, 어제보다 5분이나 일찍 학교에 왔구나

　　선생님은 아침마다
　　가슴에서 새 말을 끄집어냈다

　　울보 준하가
　　잘 웃는 준하가 되었고
　　뺀질이 민준이가
　　인사 잘 하는 아이가 되었다

　　점
　　점

점
행복과 친구가 되어가는 빛나네 교실
- 「기적을 만드는 말」 전문

빛나네 교실에 무슨 일이 일어나고 있나요? 아마 선생님이 기적을 만드는 칭찬의 말씀을 많이 하나 봐요. 아마 시인의 말씀 아닐까요? 지각생도 없어지고, 늘 웃고 인사 잘하는 교실이 되었네요. 선생님을 믿고 따르면 우리들의 교실도 행복과 친구가 넘칠 것입니다.

웬 기부스?

발목 인대가 늘어났대요

힘들겠다, 이렇게 더운 날

왼쪽 발목을 다쳤는데
왜
오른쪽 다리가 더 아플까요?

사랑해서 그래
더 많이 사랑하면 더 많이 아픈거랬어
- 「더 많이 사랑하면」 전문

사랑이라는 말만큼 아름다운 말이 있을까요? 그러나 사랑하는 방법을 잘 모르기 때문에 미움과 다툼이 일어나기도 합니다. 사랑이란 다친 왼발보다 다치지 않은 오른쪽 다리가 아픈 거라고 하네요. 사랑은 더 아프면서 얻는 행복인지 몰라요.

3.

 신기루를 아세요? 우리나라는 산이 많아서 신기루가 생기지 않아요. 땅이 넓은 곳이나 사막에서는 호수가 보이는 등 신기루가 자주 생긴다고 하네요. 언젠가 본 영화 '신기루'(중국)는 젊은 사진작가가 실크로드를 따라가다가 신기루 속의 여인을 보고 이를 찾아가는 내용이었거든요.

 이 글의 주제를 잡으면서, 신기루라는 말을 쓰고 싶었습니다. '빛나'의 말과 행동에서도 느껴졌지만, 작품마다 신기루 같은 신비가 들어 있거든요. 「미화할머니처럼」에는 '잘 몰랐던 신기루 같은 세상을/ 어쩌면 만날 수도 있겠지'하고 표현했으니까요.

 미화 할머니는 학교 청소부입니다. 아이들이 버린 쓰레기는 물론, 새들이 남긴 배설물도 청소를 합니다. '빛나'는 그 할머니를 보고 학교 청소부가 되고 싶습니다. 정말 그럴까요? 시인이 '빛나'를 통해서 자신의 미래를 돌아보고 있습니다. 언젠가 나이 들면 '굽은 나무'가 될 거고, '그러면/ 사막의 낙타처럼/ 내 등에 태워줄게'라고 합니다. 그때 '신기루 같은 세상'을 어쩌면 만날 수 있을 거라고 했거든요.

 이 동시집에는 마침표(.)가 없습니다. 왜냐구요? 끝내고 싶지 않아서입니다. 마침표가 상상의 공간까지 막아버린다는 생각이 들지 않나요? 또한 앞으로 더 멋진 작품을 쓰겠다는 약속이기도 할 거고요.

 참 겸손합니다. 자신이 시인이라고 자존심을 내세우지도 않습니다. 「봄까치꽃」보다 작으니까요.

나를
무릎 꿇게 한다

아주 작은
내겐
너무 큰
너

-「봄까치꽃」 전문

 봄까치꽃은 땅에 붙어 피는 꽃입니다. '큰개불알꽃'이라고도 합니다. 자세히 보려면 무릎을 꿇어야 하는데, 시인을 무릎 꿇게 하니까 얼마나 큰 꽃입니까.
 4부 '아시겠어요?'는 환경문제를 다룬 동시들입니다. 서문에서 '저는 환경문제에 관심이 많아요. (중략) 바른 정신과 깨끗한 환경을 후손들에게 물려주는 것이 지금 이 시대를 살아가는 우리들의 도리이며 의무라고 생각해요.' 하면서, 깨끗한 지구를 물려주고 싶다고 했습니다. 특히 '잘 쓰고 잘 버리는 것이/ 환경 보전의 첫걸음'(「아시겠어요?」중에서)이라면서 분리배출을 잘해야 한다고 강조합니다.
 '빛나'는 산골물처럼 맑은 아이입니다. 그 아이가 만난 세상은 참 살맛 나는 곳이라는 것을 알게 될 것입니다. '빛나'와 함께 그 세계로 여행해보세요. '빛나'의 순박한 미소와 행복이 오래토록 가슴에 남을 것입니다.

(2023 『빛나의 사계절』)

사랑과 눈 맞추기
- 조윤주의 제2 동시집 『하늘이 커졌다』

조윤주 시인을 빠뜨렸다. 그게 마음에 걸린다. 졸저 아동문학평론집 『동심의 풍경』(2021. 세종출판사)은 '부산 동시문학과 작가 탐구'라는 부제를 붙였듯이 부산 동시인의 세계를 기록했다. 세미나, 작가 특집, 동시집 발문으로 썼던 원고들을 간추리면서, 조윤주 시인에 대해서는 새로 써야 하는 부담감이 부득이 빠뜨릴 수밖에 없었다. 제2 동시집을 발간하면 그의 자존감을 살려주리라 마음먹고.

제2 동시집 『하늘이 커졌다』(2022, 청개구리)를 읽는다.

오래된 우리 동네
아파트

재건축한다고
무너뜨렸다.

학교 가는 길
벚꽃 터널 볼 수 없고

형처럼 키 크면
몰래 따 주고 싶던
물앵두나무도 사라졌지만

하늘이 잘 보인다.
조각난 하늘이 이어져
하늘이 커졌다.

-「하늘이 커졌다」 전문

그의 하늘에는 걸리는 것이 없어야 한다. 아파트도 재건축을 빌미로 무너뜨리고 만다. 벚꽃 터널, 물앵두나무도 사라진다. 하늘이 잘 보인다. 하늘은 만물의 주재자, 절대자나 조물주를 의미하기도 한다. 절대 세계나 이상 세계를 상징할 수 있다. 끊임없이 일어나는 인간 세계의 다툼과 미움, 갈등의 삶을 초월하고 싶으니까 하늘은 맑아야 한다.

2009년 부산일보 신춘문예에 동시「일기장」이 당선되면서 화려한 등단을 한다. 선용 심사위원은 "한 편의 좋은 시를 읽는 것도 행복이다. 그만큼 좋은 시는 오염된 우리들 마음을 치유하고 무한한 위안과 즐거움, 그리고 사랑과 평화를 느끼게 해 준다.「일기장」은 흔하게 다루는 소재인데도 무리한 기교 없이 차분하게 동심의 세계로 이끌어 가면서 시적 환상과 아름다운 꿈을 심어주고 있다."고 평했다.

일기장은
기억의 냉장고야

하루에 보고 듣고 한 일
싱싱하게 보관해주는

그냥 내버려 두면
쉽게 상해 못 먹게 되는 음식처럼
기억도 생생할 때 보관해 두지 않으면
곧 사라져 버리게 돼

엄마가 장 봐 온 채소를 다듬듯이
하루에 일어난 일
잘 다듬어서 넣어 둬야지

심심할 때
오래된 일기장을 꺼내 읽으면
냉동실에서 꺼낸 아이스크림처럼
꽁꽁 얼어 있던 옛날의 기억이
살살 녹으면서 달콤한 추억
맛보게 해 줄 테니까

- 「일기장」 전문

일기장을 냉장고에 비유한 게 얼마나 멋진 상상력인가. 체험도 생생할 때 저장해 놓으면, 냉장고에서 먹고 싶을 때 꺼낸 아이스크림처럼 달콤한 추억의 맛이 되겠지.

동시집 머리말에서 '동시는 언제나 아이들의 시간과 함께 합니다. 코로나19로 익숙하던 일상의 장면들이 많이 변화하고, 때로는 답답함과 싸우며 성장했을 모든 어린이들에게 격려의 마음을 보냅니다. 많은 시간 동안 밖으로 내보내지 못하고 쌓아둔 생각과 에너지들이 이 동시집을 딛고 멀리 나아가 서로에게 따뜻한 위로가 되었으면 좋겠습니다.'라고 말한다.

코로나19가 많은 변화를 가져왔다. 아이들은 '답답함과 싸우며' 성장했으리라 생각하니 사랑과 격려의 메시지를 보내지 않을 수 없다.

> 아침에 만나면
> - 오늘 하루도 행복하자.
> 클로버 같은
> 하트 모양 잎
> 활짝 펴서 인사하고
>
> 저녁에 만나면
> - 오늘 하루도 수고했어.
> 하트 모양 잎
> 날개 접어
> 편히 쉬라 하지요.
>
> — 「사랑초」 전문

사랑초는 하트 모양의 잎을 가진 꽃이다. 다섯 장의 꽃잎도 사랑스럽다. 사랑초를 보면서 사랑과 행복이 넘치길 소망하고 싶었을 게다. '사랑초'라는 상관물을 통해서 그 사랑을 온전히 전하고 싶다. 어쩌면 윙크도 하면서.

「온천천 왜가리」도 사랑의 눈으로 바라본다. 그와 감정이입하여 혼자 즐거워한다. '-촬영 기사 별로군! 어쩌지?/ 고민이라도 하는지/ 가만히 서서 꼼짝 않는다.'고 하면서.

엉킨 실타래
풀어지면 좋고

수학 문제
잘 풀리면 좋지만

풀어지면 곤란한
것도 많아

자꾸 흘러내리는
내 안경테 나사

시험 전 날
공부하는 내 마음

-「풀어지다」전문

　수년 전이다. 부산대변초등학교('용암초'로 개명)의 '꼬마시인학교'에서 동시 강의를 한 적이 있다. 그때 그의 성실과 열정을 보았다. 그는 아이들이 풀리지 않게 나사못을 죄듯 교재연구와 학습 준비도 철저히 했다. 그 때문에 결과도 좋아 나까지 우쭐하게 했다. 살아가면서 풀려야 하는 것도 많지만, 풀어지지 말아야 할 것도 많다. 그는 풀어지지 않는다. 성실하고 꼼꼼하고 차분함이 그의 매력이다.

- 발이라고
언제나 맨 아래
있는 거 아니야

- 맨날 땅만 밟고
다니란 법 있어?

- 나도 맨 위에서
있는 게 좋아

- 깜짝 변신이 필요할 때
나를 불러 줘.

- 내 이름은 가발이야
- 「깜짝 변신이 필요하면」 전문

조용하고 차분해서 농담도 할 줄 모르는 사람처럼 보인다. 그러나 그렇지 않다. 표현하지 않았을 뿐 여유와 유머를 즐길 줄 안다. 가발을 보고 어떻게 이런 착상을 했을까? '가발'도 '발'이었다. 깜짝 변신이 필요할 때 맨 아래가 아니라, 맨 위에 올라앉는 발이라고 너스레를 날릴 줄 안다.

아빠 출장 가고
없는 날

거실도 방도
너무 크게 느껴진다.

집에 오면
TV 켜 놓고
누워만 있는 아빠인데

아빠가 없으니
대문 잠그고
현관문 잠그고

문단속 자꾸 해도
마음이 안 편하다.
아빠 코 고는 소리 그립다.

- 「아빠 없는 날」 전문

아빠의 존재감은 출장하고 집을 비우면 나타난다. 아빠는 집에서도 'TV 켜 놓고/ 누워만 있는' 시간이 많다. 그런 아빠지만 아빠가 안 계시면 집안이 넓어지고, 대문과 현관문을 더 단단히 잠그게 하고, 문단속을 해도 마음이 편하지 않게 한다. 그게 아빠의 무게감이 아닐까? 가족에 대한 사랑이 절절이 느껴진다. 아빠 코 고는 소리도 그리울 만큼.

에프킬라
파리채 반격에
이리 저리 잘도 피해
약 올리더니

작전을 바꾸어
집 안 불 모두 끄고
방충망 열어서

후레쉬 비춰주며
잘 가시라 배웅했더니

그제야
유유히 밖으로
빠져나갔다.

- 「자존심」 후반부

똥파리 한 마리가 귀찮게 군다. 식탁에 앉았다가, 게임하는 내 팔과 목에도 앉는다. 그러나 파리 한 마리도 죽일 수 없다. 파리도 자존심이 있을까? 마음이 여리니까 파리의 자존심을 보면서 그를 살려낸다. 생명에 대한 경외감이다.

그 순수한 마음은 「두꺼비 대이동 시기」에도 나타난다. 온천천 연못가에서 아기 두꺼비들이 이동한다. 그 길을 걸어갈 수 없다. '작은 생명들의 행진'이기 때문이다. 그래서 '우리도 조심조심/ 살피며 걷자'며 당부한다.

식탁들 모두
한쪽 구석으로
밀려나고

의자들이 그 위에
거꾸로 얹혀
숨죽이고 있다.

줄 서서 기다리던
손님들 못 본 지 오래

하루에도
수십 번 부지런히
닦아주던 손길 그립다.

- 「휴업 식당」 전문

문학은 시대를 반영한다. 문학가는 그 현상을 취재하며 동화하거나 아파하거나 울분한다. 코로나19가 터지고 사회변화도 많아진다. 장기화되면서 '휴업 식당'이 늘어난다. 그게 마음이 아프다. 어쩌면 연민이다. 여리고 선한 품성을 그대로 보여준다.

> 시멘트 포장길
> 틈새에 핀
> 민들레 한 송이
>
> 노란 웃음 속에
> 일렁이는
> 흙의 마음
>
> 매일매일
> 지나는 사람들에게
> 꽃길 되어 주고파
>
> 시멘트길 틈새로
> 올려 보낸
> 흙의 소망
>
> -「꽃길 되고파」 전문

　겸손하다. 자신의 피해를 감당하면서도 남에게는 웃음을 보여야 한다. 그래서 '시멘트 포장길/ 틈새에 핀/ 민들레꽃 한 송이'가 되고 싶다. 지나가는 사람의 발길에 짓밟힌다. 그래도 '꽃길'이 되어서 꽃 같은 웃음과 사랑을 드리고 싶다. 이처럼 순박하고 겸손하게 살고 싶다. 그게 그의 천성이다.

　박선미 시인은 발문에서 '작품에 담긴 세계는 모두 따스하고 희망을 노래하고 있습니다. 어렵고 힘든 일도 함께하면 이겨낼 수 있다는 믿음과 서로를 배려하는 인간의 도리를 쉬운 말로 나타내었지만, 그 속에 담긴 뜻은 깊이가 있습니다.'라고 했다. 따스하고 희망찬 노래! 믿음과 배려의 언어! 그게 사랑 아닌가.

그는 조용하고 차분하고 겸손하고 사려 깊다. 목소리도 크지 않다. 그래서 음악도 요란한 소리의 악기를 싫어한다. 우쿨렐레 연주는 수준급이다. 핸드벨 같이 은은한 소리의 악기로 아이들과 즐긴다. 아마 오늘도 아름다운 세상을 위해, 사랑과 눈 맞추며 소박하고 기교를 부리지 않아도 따스하고 차분하게 동심의 노래를 부르고 있으리라.

수년 동안 꼬마시인학교에서 조윤주 시인을 만났다. 그의 성실한 노력과 지도와 감화력에 아이들도 행복했으리라. 그때를 추억하며 그의 사랑과 눈 맞춘다.

(『동시먹는달팽이』 2023. 봄)

천하무적이 된 남매의 응집력
- 김자미 제3 동시집 『천하무적 삼남매』

　피는 물보다 진하다. 영국 속담이던가.
　자식 교육! 물보다 진하기 때문에 남다르게 키우려고 애쓰겠지.
　자식들을 천하무적으로 키워낸 엄마가 있다. 대단한 엄마처럼 보인다. 그러나 남다르게 특수한 학원에 보내고, 개인교습을 시키고, '성적 올리기 비법', '과목별 실전 노하우' 등등의 핵심 전략이라든가, 대단한 애정으로 치맛바람을 일으킨 것도 아니다.
　동시집 『천하무적 삼남매』(2021, 브로콜리숲)의 '서문'에 '실수투성이 서툰 엄마였고, 부족한 엄마였'다고 스스로 자백한다.

　　괜찮아
　　놀 친구 없어도

　　언니 동생
　　나

　　셋이면
　　어떤 놀이도 할 수 있거든

　　누구도

우릴 괴롭히지 못해

언니 동생
나

셋이면
힘이 세지거든
　　　　　　　　　　　　　-「천하무적 삼남매」 전문

　삼남매는 언니, 동생 그리고 나(둘째)다. 우리 셋만 있으면 어떤 놀이도 할 수 있고, 누구도 우릴 괴롭힐 수 없다. '셋이면/ 힘이 세지거든' 했으니까. 셋을 키워보면 알 수 있나 보다. 천하무적이라는 것을….

언니만큼
밥을 먹어서가 아냐

언니만큼
몸이 자라서도 아냐

방문 걸어 닫고
틀어박혀 있는

언니를
이해한다는 거야
　　　　　　　　　　　　　-「내가 컸다는 증거」 전문

　어떻게 컸을까? 큰다는 것은 밥 먹고, 몸이 자란다는 의미가 아니었다. 방문 걸어 닫고 틀어박혀 있는 사춘기 언니를 이해한다는 거다. 그렇다면 언니는 개구쟁이 동생들의 짓궂은 행동을 이해한다는 거다. 이해하면서 큰다는 발상이 얼마나 빛나는가.

> 책꽂이에 얌전히
> 꽂혀 있던 만화책
>
> 책상 위에
> 바로 앉아 있던 장난감
>
> 학교에서 돌아와
> 방문을 열자
>
> 우헤헤헤헤
> 뛰어내린다.
>
> -「내방」전문

혼자일 때는 영락없이 개구쟁이다. 학교에서 돌아와 방문을 열면 만화책과 장난감들이 우헤헤헤헤 웃으며 뛰어내린다. 여느 아이와 다를 바 없다.

> 우리 식구는
> 손이 없다.
>
> 우리 식구는
> 발이 없다.
>
> "막내야!"
> 부르기만 하면 된다

엄마는 나를
　　　심부름 시키려고 낳았다
　　　　　　　　　　　　-「입만 갖고 산다」 전문

　위계질서가 생긴다. 그러면서 사회를 익힌다. 누나가 "막내야!" 하고 부를 땐 이유가 있다. 막내는 막내라는 역할을 이미 알고 있다. 그래서 '엄마는 나를/ 심부름 시키려고 낳았다'라고 했다. 그렇게 당하지만 불쾌하지 않다. 식구들을 사랑하고 있으니까.

　　　누나는 나보다
　　　운동을 잘하는데요
　　　누나는 나보다
　　　공부도 잘하는데요
　　　누나는 나보다
　　　세 살이나 많은데요

　　　나보고 지켜주래요
　　　남자니까 여자인 누나를
　　　지켜줘야 한 대요

　　　알아요, 아빠 말
　　　남자니까 지켜줘야 하는 게 아니라
　　　사랑하니까 지켜줘야 한다는 걸
　　　　　　　　　　　　-「알아요」 전문

　순서나 성별은 거스를 수 없는 운명이다. 나(셋째)는 막내지만 남자아이다. 남자아이만의 자존심인가. 누나를 지켜줘야 한다. 누나보다 어리고, 운동을 못하는데 어찌 누나를 지켜줄 수 있겠는가. 비록 지켜줄 수 없더라도 좋다. 누나를 위해서라면 무엇이든 할 수 있다는 용기를 가지고 있으니까. 장자莊子는 '형제는 수족手足과 같고, 부부는 의복과 같다'고 했던가.

> 엄마가 없을 때
> 꼭 엄마 같이
>
> 밥 챙겨주고
> 야단도 치지만
>
> 해달라는 것
> 다 해주는 언니
>
> 울기만 하면
> 다 들어주는 언니
>
> 언니가 아니라서
> 다행이야
>
>   - 「다행이야」 전문

언니에 대한 신뢰감이 커다랗다. 화자(둘째)는 언니의 자리에 서 있지 않은 것이 얼마나 다행인지 모른다. 엄마 같은 언니의 행동은 언니의 몫이고, 자신은 '언니가 아니라서' 다행이라는 것을 인지하면서 위아래의 관계가 분명해진다. 이런 위계질서가 우애는 물론 무적의 힘을 길러낸 동력이었다.

> 내가 거울도 아닌데
> 보고 따라 한 대요

내가 위인도 아닌데
보고 배운대요

나만 잘하면
동생들은 저절로 잘한대요

그러면서 동생들 앞에서
야단을 쳐요

나는 누굴 보고
배워요?

-「나만 잘하면」 전문

 첫째는 남다른 모범을 보여야 한다. 동생들이 나(첫째)를 보고 배운다고 하면서 야단을 맞기도 한다. 그래서 '나만 잘하면/ 동생은 저절로 잘한대요'라고 했다. 첫째라는 부담감은 있지만, 원톱 체제의 철저한 유지가 주효했다.

춥지 않니?
- 추워
심심하지 않니?
- 심심해

그런데 왜
다른 꽃보다 일찍 폈어?

- 나도 몰라
넌 왜 태어났는지 알아?

-「복수초」 전문

복수초는 "넌 왜 태어났는지 알아?"라고 묻는다. "그걸 어떻게 알아?" 응답한다. 복수초는 이른 봄 눈 속에서도 피는 꽃인데 하필이면 좋은 계절을 두고 추위에 피는 것일까? 그것도 제 운명이다. 태어나고 남매가 되고 서열이 되는 것도 마찬가지다. 그런 '나'니까 불만이 있을 수 없다.

그렇다고 자존감이 없으면 안 된다. 예쁜 인형들도 각자 예쁜 이유가 있듯이, 나도 나라서 예쁜 것이다.

바비인형은
날씬해서 예쁘지

래밀리인형은
통통통해서 예쁘지

나는 나라서
예쁘지

- 「나는 나라서」 전문

가지 많은 나무였으니까 바람 잘 날 없다. 그 바람들에게 엄마는 '오늘도 수고'라는 멘트를 한다. 그것도 헤프게 하지 않는다. 잠자리에 누우면 속삭이듯 들려준다. 이렇게 감사의 마음으로 자라나게 했으니까 사랑과 감사의 응집력을 가질 수 있었나 보다. 천하무적은 바람이 키운 결과였다.

엄마가 저녁밥 지으며 듣는
라디오 시작 멘트
하마터면 눈물 날 뻔했다

아침부터 늦은 밤까지
공부하는 내게
잠자리 누워 말 해줄 거다
　　　　　　　-「오늘 하루도 수고 많았습니다」 전문

『천하무적 삼남매』!

무협지 같아 보인다. 그래서 더 흥미를 끈다.

그렇다고 특별한 것이 아니다. 평범한 아이들의 일상이다. 그러나 둘보다 셋은 강했다. 셋은 천하무적이었다.

이 동시집은 그들의 성장 과정을 지켜본 관찰기록이지만, 요즘 치열하게 자녀를 키우는 부모들에게 안겨주고 싶은 쉼표이면서, 행복한 추억의 선물이었다.

다윈은 『진화론』에서 '강한 자가 살아남는 게 아니라, 살아남는 자가 강한 자'라고 했다. 시인은 "우리 아이만 특별히 봐주세요!"라며 언제 어디든 나타나는 헬리콥터 엄마도 아니었다.

누군가 '자식은 부모의 행위를 비추는 거울이다'라고 했다. 시인은 '미안하고, 고맙고, 사랑한다는 말을 이 동시집으로 대신합니다'라고 한다. 천하무적의 거울 빛이 빛난다.

(『동시먹는달팽이』 2022. 봄)

전쟁 소나기를 겪은 어머니의 이야기
- 홍정화 첫 동시집 『명태를 타고 온 아이』

1.

　다섯 살 때, 한국전쟁을 보았습니다. 엄마와 논길을 걷고 있었습니다. 날개를 활짝 편 비행기가 떼를 지어 요란한 소리를 내며 날아오고 있었습니다.
　"엄마! 무서워. 어서 엎드려!"
　외치던 목소리가 지금도 선하게 들려옵니다.
　밤에도 불이 날아다녔습니다. 이 산에서 저 산으로 새처럼 날아다녔습니다. 집을 버리고 도망을 쳤습니다. 언제 불새가 날아와 집을 불태울지 알 수 없으니까요.
　자유란 외부에 구속을 당하지 않고 자신의 판단과 의지에 따라 선택하고 행동할 수 있는 상태를 말합니다. 인간은 누구나 자유를 누리며 살고 싶습니다.
　홍정화의 동시집 『명태를 타고 온 아이』는 자유를 찾아 내려온 시인 어머니의 생생한 체험을 바탕으로 한 이야기입니다. 한국전쟁은 1950년에 일어납니다. 해방(1945년) 이후 불과 몇 년인데 고향 땅을 버려야 했고, 왜 죽음을 무릎쓰며 남쪽으로 내려올 수밖에 없었을까요?

　이 동시집은 전쟁의 절망이 아닙니다. 소나기 내린 이후의 햇살이 아름답듯이, 전쟁의 소나기를 겪은 어머니와 그 이후의 푸른 햇살을 보고 있는 손주 세대들을 아우르면서 행복의 세상을 소망하는 기도문 같은 노래입니다. 마음이 아리다가 슬며시 웃음이 흐르기도 합니다.

　또한 이 동시집은 시인의 어머니가 겪은 전쟁 체험을 연작시로 엮었습니다. 시인이 존재하는 것도 어머니의 아픈 역사가 가져다준 행운이라는 것을 알기 때문에 일기장처럼 간직하고 싶었습니다. 어쩌면 어머니께 드리는 감사 편지이기도 하겠지만, 알뜰한 효도의 마음이기도 합니다.

　홍정화 시인!

　부산평화방송국에서 PD 겸 아나운서를 지냈습니다. 그는 「엄마밥」 외 1편으로 제18회(2015) 부산아동문학상 신인상 동시부문에 당선됩니다. 심사평(구옥순, 박선미)은 '일상 경험을 무리 없이 시적 형상화 시키는데 성공하였을 뿐만 아니라, 엄마 생각을 깊이 해 볼 수 있는 모처럼의 기회였다. 보편적이면서도 특별한 경험이기에 가슴 뭉클한 감동을 안겨 주었다.'였습니다.

　그동안 동요작사가로 이름을 떨쳤습니다. 제28회(2010) MBC 창작동요제에서 「안녕하세요, 고맙습니다」가, 제18회(2016) 고향의 봄 창작동요제에서는 「꿈꾸는 은행」으로 대상의 영예를 차지하기도 합니다.

　금년(2022)에 비로소 부산광역시, 부산문화재단 '부산문화문화예술지원사업'에 선정되어 보조금 지원을 받습니다. 이번 동시집은 첫 동시집입니다.

2.

동시집의 제목이 『명태를 타고 온 아이』(2022, 책상통신)입니다. 왜 명태를 타고 왔을까요?

명태는 바다에서 사는 물고기입니다. 『신증동국여지승람』에는 함경도 경성과 명천에서 많이 잡혀서 북어라고 한다고 적혀있고요. 그러니까 춥고 어두운 곳에서 탈출한 어머니의 상징이기도 합니다. 메러디스 빅토리아호의 은유이기도 합니다.

어머니는 벌써 할머니가 됐습니다. 손주들도 많아졌습니다. 아직도 전쟁이 화재가 되곤 합니다. 손주들이 이걸 놓칠 수 없습니다. 손주들이 취재 경쟁을 벌입니다. 메러디스 빅토리호를 타고 남하할 때의 그 고통들이 고스란히 찍힙니다. 아직도 우리나라는 세계에서 유일한 분단국가입니다. 전쟁이 곁에 도사리고 있습니다. 우리 손주들은 전쟁의 아픔을 겪는 일은 없어야 합니다.

> 열두 명의 어린 기자들
> 취재 경쟁이 치열하다
>
> 손주 1: 열 명이나 되는 가족들이
>   하나뿐인 화장실은 어떻게 썼나요?
>
> 할머니: 똥 시간표를 짰지요
>   나는 꼴찌라서 기다리다가

아무 때나 쌌지요

손주 2: 열 명이 숟가락 네 개로
어떻게 밥을 먹었나요?

할머니: 손꾸락 다 모아 봐요
백 개나 되잖아요

다 같이: 하하 하하

8남매 중 막내인 외할머니
일흔이 넘어도 계속 막둥이

- 「거실 기자 회견」 전문

영화 '국제시장'에 흥남철수 장면이 실감나게 그려져 있습니다. 중공군을 피해 피난길에 오릅니다. 10만 4천 명이 흥남부두에 몰려들었습니다. 193척의 군함들이 9만 여 명의 주민들을 남으로 실어 보냅니다. 아직도 1만 4천 명이 남았습니다. 어떻게 됐을까요? 이때 흥남부두에 남아있었던 배는 군수물자를 실러온 화물선 메러디스 빅토리아호뿐이었습니다. 탑승정원은 불과 60명! 선장은 레오나드 라루!

승조원들은 어서 떠나자고 재촉합니다. 그러나 피난민의 절규와 눈물 어린 호소를 외면할 수 없었습니다. 결단을 내릴 수 없습니다. 조용히 기도를 올립니다.

"하느님! 선하디선한 저들을 죽음의 땅에 그대로 두고 떠날 수 없습니다. 하느님께서 기적의 힘을 보여주소서."

선장은 결단을 내립니다.

"1만 4천 명을 모두 태워라!"

그러고는 25만 톤의 군수물자와 식량, 물을 모두 바다에 버립니다. 60명의 230배에 달하는 그들을 싣고 3일간의 항해를 합니다. 마침내 거제에 도착합니다. 그날이 1950년 12월 25일! '하늘에는 평화, 땅에는 축복'을 외치는 크리스마스였습니다.

하선할 때 5명이 불었습니다. 5명의 아기들이 태어났으니까요. 이 아이들이 자유의 땅에서 살게 되었으니 이보다 '따뜻한 마구간'이 어디 있겠습니까? 정말 고요하고 거룩한 밤이었을 것입니다.

이 이야기는 기네스북에도 올라 있다고 합니다. '한 척의 배로 가장 많은 생명을 구한 배'라고.

이 배에 시인의 다섯 살 어머니도 탑승합니다. 어머니 없이 시인의 존재가 가능한가요? 그래서 절절히 어머니의 이야기를 풀고 싶습니다. '전쟁과 평화'를 노래하고 싶습니다. 어머니는 이미 할머니가 되었으니까 손주들에게 스토리텔링처럼 들려주는 형식을 취하여 당시의 상황을 그려내고 있습니다.

그때의 상황을 이해하지 못하는 세대들도 공감할 수 있으리라 생각합니다. 신세대의 감각으로 풀어내고 있으니까요. 그러므로 이 시집의 효과는 실로 크고 특별하다 아니할 수 없습니다. 전쟁을 모르는 아이들에게는 자유의 소중함을 소나기처럼 적셔줄 수 있을 테니까요.

그 해 크리스마스
커다란 배에서
선물이 쏟아졌어

눈송이들이 저마다
앉을 곳을 찾는 것처럼

바다에서 태어난
다섯 명 아기들이
처음 땅으로 내려오던 밤

그 섬에는
세상에서 가장 따뜻한
마구간이 있었어

　　　　　　　　　－「고요한 밤 거룩한 밤」 전문

　이 땅에 살고 있는 것은 기적입니다. 그때 배를 놓쳤다면 여기서 살고 있겠습니까? 물 한 모금과 배에 오른 것과 이 땅을 밟은 것을 돌이켜보면 정말 기적 같은 일입니다. 그 기적에 감사하면서 살고 있는 것이 기적처럼 느껴지니까 감사하고 싶은 일이 많아집니다.

물 한 모금이
내 입으로 들어오고

무사히 배에 올라
땅을 밟았다면

지금 내가
여기 있는 것은
기적입니다

　　　　　　　　　　　　　　－「기적」 전문

　북한을 이북이라고 합니다. 북쪽이라는 지역성을 담고 있습니다.

요즘 e-book의 인기가 대단합니다. 북에서 내려왔다고 이북 할머니가 꼬리표처럼 따라다니는데, 이를 e북 할머니로 표현한 재치는 어떻습니까? 이런 중의적 묘사로 신세대에 걸맞은 감각과 감정을 표현했으니 더욱 돋보입니다.

> 남쪽으로 피난 온 사람들을
> 북한 사람이라고 하지 않고
> 이북 사람이라고 부르지
>
> 요즘 e-book이 인기라는데
> 우리 할머니 세련되셨다
>
> 스마트폰 척척
> 카톡도 척척
>
> 역시
> e북 할머니
>
> -「스마트한 할머니」 전문

3.

이 동시집은 3부로 구성되어 있습니다. 1부 '거실 기자 회견'은 할머니와 함께 살고 있는 현재. 화자는 할머니입니다. 2부 '명태를 타고 온 아이'는 피난 당시의 이야기며, 3부 '행복 부스러기'는 미래와 희망을 아우르는 현재의 이야기로 화자는 손주들입니다.

전쟁의 아픔만큼 큰 게 있을까요? 그런데 또 있습니다. 오늘도 영식이는 눈이 부어있습니다. 부모의 별거는 이산가족만큼 아픈 것이었습니다. 그것을 생각하면 나는 더 아파도 좋습니다. 등짝을 맞고, 종아리를 맞아 눈물이 나도 말할 수 없는 것은 할 수 없습니다.

    엄마한테 등짝 맞아도
    아버지한테 종아리 맞아도

    나는 말 못 해

    오늘도 눈이 부은
    영식이 때문에

    이산가족이 된
    영식이 때문에

                          - 「참아 vs 차마」 전문

얼마 전에 우크라이나에서 전쟁이 터졌습니다. 책상 앞에 양복 입은 힘센 정치가들이 모여서 '평화 공부'를 안 하고 뭐하고 있냐고 혀를 차고 있습니다. 두 번 다시 전쟁이 일어나서는 안 된다는 것을 전쟁 졸업생 할머니는 알고 있기 때문입니다.

    피난길에 오른
    우크라이나 사람들
    텔레비전 속에 있다

    양복 입은
    힘센 나라 사람들
    책상 앞에 모여 있다

평화 공부
미리 좀 해놓지

전쟁 졸업생 할머니
혀를 쯧쯧

－「미리 미리」 전문

역지사지란 처지를 바꾸어서 생각한다는 사자성어입니다. 처지를 바꾸어 생각해 보면 남이 처한 입장을 이해하게 됩니다. 어머니는 피난민의 고통을 알기 때문에 항상 그때를 생각합니다. 1950년 12월의 시린 겨울을 생각합니다. 그래서 따뜻한 국물에 수제비라도 끓여주고 싶습니다.

생각해 봐
너는 피난민이야

따뜻한 국물에
수제비라도 끓여주었으면
병아리 졸고 있는 창고라도
내어주길 바랐겠지

생각해 봐
너희 집에
피난민들이 왔어

물 좀 달라고
아이가 아프다며
울고 있어

1950년 12월 시린 겨울

　　　솜옷을 겹쳐 입은 사람들의
　　　검은 눈물을 떠올려 봐

　　　오늘의 사자성어
　　　역 지 사 지

　　　　　　　　　　　　-「쏙쏙 사자성어 1」전문

4.

　　　햇빛 좋은 날
　　　기다리다가
　　　맑은 날 찍은

　　　너무 눈이 부셔서
　　　모두 찡그린

　　　가족사진
　　　한 장

　　　　　　　　　　　　-「가족사진」전문

　햇살 때문일까요? 가족사진에 그 찡그린 얼굴들! 아닙니다. 피난 때의 고통을 알기 때문입니다.
　통일을 기다리는 아이가 있습니다. 통일이 되면 나와 싸운 놈, 우리 누이 괴롭힌 놈, 내 동생 놀린 놈, 큰일 났습니다. 마당에 묻어둔 주먹이 그냥 있지 않을 것 같네요. 그래도 통일을 기다립니다. 슬며시 손을 펴고 악수하고 싶거든요.

    동무와 다툰 날
    아버지에게 혼나고

    주먹 쥐는 법을
    마당에 묻어 두었지

    급히 피난 오느라
    파오지 못했다

    통일만 되어봐라
    우리 누이 괴롭힌 놈
    내 동생 놀린 놈

    내 주먹 매운 맛
    보여줄 텐데

    혹시
    미안하다고 하면

    슬며시 주먹 펴고
    악수할 텐데

                    - 「통일을 기다리는 소년」 전문

    밤에도 빛나는 나라가 되면 좋겠습니다. 배고픈 사람이 없어야 환한 세상이 환해집니다. 그래서 물고기를 통해서 점검하고 싶습니다. 배고픈 사람이 누구인지, 별은 물론 똥까지 빛나게 하고 싶거든요.

물고기 밥이
야광이면 좋겠다

언제 배고픈지
한눈에 알거야

네가 배부르면
세상도 환하겠지

밤에 화장실 갈 때
무섭지도 않겠다

별도 반짝
똥도 반짝

밤에도 빛나는
야광 물고기

- 「야광 물고기」 전문

자유와 행복! 홍정화 시인이 추구하고 싶은 가치입니다. 행복은 커지는 것입니다. 어머니의 피난 시절에 모아둔 부스러기 행복들이 지금 이렇게 커졌으니까요. 이 동시집으로 행복 플러스가 되어 더 큰 행복의 세상이 오리라 믿습니다. 또한 싱싱한 시어와 번뜩이는 재치가 행복의 메아리가 되어 돌아오고 있네요.

할머니가 모아둔 행복은
부스러기처럼 작아서
가지고 다니기 쉽다고 하셨다

작은 떡 얻어와서
동생 입에 넣어주고

꽝꽝 얼었던 손
호호 녹여 주며

피난 시절 가난한 주머니에
하나씩 쌓아둔 행복을
나에게 주셨다

부스러기가
커다랗게 잘 자랐다

-「행복 부스러기」전문

(2023 『명태를 타고 온 아이』)

진짜가 나타났다
- 임은자 첫 동시집 『시력검사』

1.

숟가락으로 한쪽 눈 가리고
보지도 않는 지우에게 윙크했다.

윙크 한 방에
나비가 날아간다.

윙크 한 방에
비행기가 날아간다.

윙크 한 방에
물고기가 날아간다.

안경 없이도 온 세상이 휜-하다.

- 「시력검사」 전문

2021 전국동시공모전은 서울 강동문화재단이 주최했다. 이 행사는 코로나 블루 극복 대국민 프로젝트로써 1회성이었다. 공모 개요는 '생산하는 도서관, 열린 문단을 지향하여 전국 규모 동시문학상

을 현상 공모합니다. 따뜻한 감성에 즐거운 상상력을 더하여 당신만의 동시를 만들어 보세요.'였다.

『동시발전소』(2021, 가을호)가 입선작 여러 편을 발표했는데, 그 중에 가장 높은 자리(대상)에 올려놓았다.

읽을수록 재미있다. '시력검사'를 하기 위해 한쪽 눈을 가린다. 갑자기 지우에게 윙크를 하고 싶다. 시력의 수치 따위야 생각할 겨를도 없다. 지우만 보이면 온 세상이 훤해지니까.

임은자!

신인이라서 거의 기억하는 이들도 없으리라.

연전에 수필집 『인생을 쓰는 시간』을 상재했다. 프롤로그 일부를 옮긴다.

> 마흔 후반에 나에게 온 글은, 작은 내 세계를 확장 시켰다. 동시로 시작한 글은 수필로 이어졌고 <매일매일은자>라는 새로운 세상을 펼쳐주었다. 한 번도 해보지 않은 방송국 인터뷰를 하고 지면에도 소식이 전해졌다. 기적처럼, 처음 시를 배운 그곳에서 첫 특강을 하고 원고를 청탁받는다. 전혀 상상도 못 한 꿈같은 일들의 연속이다. 이런 날이 나에게 올 것이라곤 상상도 해 본 적 없다.
>
> 요가, 요리, 장사, 이것저것 기웃거렸지만 내 것이 되지 않았다. 나와는 전혀 상관없는 줄 알았던 글이 어느 날 내 품으로 왔다. 놓치지 않으리라 마음먹지만 언제 또 떠나버릴 인연일지 알 수 없다.
>
> 나를 바라보게 하고, 사라진 내 과거를 살려낼 수 있는 유일한 도구, 오늘을 살게 하는 이유, 생각보다 훨씬 많은 것을 주는 글 앞에 겸허해진다.

글은 숙명이었다. 글을 쓰면서 비로소 오늘을 살게 하는 이유를 알았고, 그 앞에 겸허해지는 자신을 발견했으니까. 그는 '매일매일은자'라는 플랫폼을 통해 날마다 쓴 글을 소개하고 공유한다. 매일 쓰지 않으면 손끝에 가시가 돋칠 정도다.

2.

수많은 동시집을 만나지만, 『시력검사』(2023, 브로콜리숲)를 만나면서 "진짜가 나타났다!"라고 소리치고 싶었다. 동시의 전범을 다 보여주고 있다는 생각이 들었기 때문이다. 쉽고, 재미있고, 참신한 비유와 긴장감, 동심성(순박성) 그리고 꿰맨 자국이 전혀 보이지 않는 천사의 옷이었다.

그날
19층 아저씨는 범죄 현장에서 사라졌다.

나와 방귀 냄새만 남았다
CCTV에도 아저씬 무죄다

6층에서 현지가 탄다
나는 죄도 없이 얼굴이 빨개진다

나에겐 알리바이가 없다

- 「알리바이」 전문

현장 부재 증명을 해야 알리바이가 성립한다. 그러나 방귀를 뀐 당사자는 이미 내렸고, 6층에서 현지가 탔으니 그 범인은 누구겠는가. 죄도 없이 얼굴이 빨개진다. 쉽고 재미있다. 순박한 동심에 절로 웃음이 터진다.

    5교시

    내려온다
    내려온다
    눈덩이가 굴러 내려온다

    책도
    칠판도 다 덮었다

    선생님도
    학교도 다 덮었다

    내려온다
    내려온다
    눈꺼풀이 내려온다

-「눈사태」 전문

  졸음은 책도, 칠판도, 선생님도, 학교도 다 덮는 눈사태다. 어쩌면 '졸음'을 이렇게 절묘하게 표현했을까? 좋은 동시는 '정말 좋다!'는 말을 거침없이 나오게 한다. 신선한 충격을 주는 기발한 표현 때문이리라. 시인은 늘 참신하고 독창적 비유를 만나기 위해 고민하고 노력하는 이라는 것을 느끼게 한다.

    태종사 수국

    할머니는 꽃이 예쁘다면서
    자꾸만 이름을 까먹어

국수를 거꾸로 하면
수국이라고 얘기했어

집에 오는 길에
다시 물었더니
할머니 수국은

태종사 국시

－「할머니 국수」 전문

체험도 내면의 진실이 담겨야 독자의 마음을 사로잡을 수 있다. 할머니께 '수국'을 가르친다. 그러나 할머니는 자꾸 까먹는다. 결국 수국은 국시(국수의 경상도 방언)가 되고 말았다. 이런 엉뚱한 발상이 즐거움 아닌가.

우리 오빠 십팔 번
너 일로 와

아이스크림 혼자 다 먹었을 때
못 생겼다고 놀릴 때
얼레리꼴레리 까불 때

일로 와
하고 소리친다

한 번도 가지 않았다
매번 오빠가 왔다

－「일로 와」 전문

화자는 동생(여자아이)이다. 아이스크림을 혼자 다 먹기도 하고, 오빠 못났다고 놀리기도 하고, 얼레리꼴레리 까불기도 한다. 그때마다 오빠가 외친다. "너, 일로 와!" 하고. 오빠의 허세를 알기 때문에 결국은 오빠가 다가올 수밖에 없게 하다. 이런 역설적 우애도 정감이 간다.

운동회날

보나마나
일등이라서

뛰나마나
일등이라서

엄마는 오지 않았다.
- 「거짓말」 전문

여운이 쓸쓸하게 남는다. 운동회날은 가족 잔칫날이기도 하다. 그러나 엄마가 올 수 없는 처지니까 본심을 보이고 싶지 않다. 그래서 '뛰나마나/ 일등이라서'이라고 하면서 자위를 한다. 정말 엄마가 없는 운동장은 쓸쓸하지 않고, 일등이라서 괜찮다는 말인가. 아니다. 「거짓말」이라는 제목에서 속내를 드러내고 있지 않은가.

시정신이란 세속적인 것을 극복하고자 하는 시인의 승화된 욕망이다. 가족(또는 친구나 이웃 등)을 위해라면 외로움도 불쾌나 불편함도 인내할 줄 알게 하는 것도 훌륭한 시정신의 발로이리라.

내가 쓸 게
넌 닦아

쓱쓱
예쁜 글은 쓰고

싹싹
미운 글은 닦는

우리는
청소 짝꿍
연필과 지우개

-「쓰고 닦고」전문

시의 정신은 진선미에 바탕을 두어야 한다. 지우개는 미운 글을 싹싹 닦으며, 연필이 예쁜 글을 쓸 수 있도록 돕는다. 예쁜 글(세상)만 남는다. 동시도 예술이다. 그래서 견고한 시적 미학을 견지해야 하는 것이다.

까불이 봄비 좀 봐요

찰랑거리며 내려와
땅속 새싹을 불러내요

빼꼼 내민
새싹 손잡고

퐁퐁
방방이 뛰고 있어요

-「봄비」전문

체험도 중요하지만 동시는 친자연을 지향한다. 친자연은 세계(사물)와 자아(시인)의 화해거나 순응이다. 봄비는 까불이다. 땅속 새싹을 불러내고, 새싹 손잡고 퐁퐁 뛰고 있다는 남다른 관찰력이 이런 상큼한 메타포를 찾아낼 수 있었으리라.

이 동시집은 제4부로 나누어 50편의 작품이 실려 있다. 편편마다 시인의 개성이 드러나고, '맑음'과 '깨끗함'을 주면서 마음을 즐겁게 한다. 그리고 '생각의 여운'을 갖게 한다. 우리 동시가 진짜 가져야 할 특성을 다 갖추고 있는 것 같아 읽는 내내 마음이 즐겁다.

3.

이 동시집에는 마침표가 없다. 젊은 시인들이 대체로 지향하는 바다. '내 동시는 아직 끝나지 않았다'는 것과 '시적 이미지의 현재 진행형'이라는 것을 보여주고 싶기 때문일 게다. 앞으로 거는 기대가 커진다.

그림을 그린 김동현은 그의 부군이다. 대학생 때 광고대상 일러스트 부문에서 대상을 차지했지만, 아내의 동시집에서 미술의 꿈도 이루는 계기가 되었으니, 이 동시집의 가치가 더 빛난다.

이제 우리 동시도 정체성을 찾아야 할 때가 됐다. 임보 시인은 「오늘의 한국시 왜 이렇게 되었는가」(한국예인문학, 2023, 가을호) 하면서 '오늘의 시라는 글이 어떻게 해서 이렇게 난삽하고 골치 아픈 글이 되었는가' 하면서 반문을 제기했다. 동시도 같은 현상은 아닐까? 동시를 읽는 일이 고통스럽고 짜증스럽다면 문제가 있는 것이다.

동시는 아동들이 읽는 시다. 자꾸 어려워지고, 배배 꼬고, 건조해지고, 개념화되면서 재미없어진다면 동시도 문제가 생긴 것이다.

임은자의 동시집에서 동시의 정체성을 찾았다. '시인의 말'에서 '자두를 먹을 때마다/ 윙크가 나와서/ 아이들을 만나면/ 윙크가 나와서/ 시를 쓰면/ 윙크가 나와서'라고 했다.

동시는 자연(사물)과 아이들에 대한 윙크다. 가슴에서 우러나오는 천연덕스러운 윙크라야 감동을 준다. 어쩌면 엉뚱한 상상력과 순박한 동심의 윙크도 가슴을 뭉클하게 한다. 정말, 진짜가 나타났다!

(2023. 09)

IV

- 아동문학의 큰 숲, 박종현 선생!
- 한국의 헤밍웨이 덕암 이영호 선생!
- 고향의 솔바람이 된 소년소설가 감상남 선생!
- 침묵에서 떨어져 나온 동심의 수다
- 연꽃 세상을 꿈꾸는 영원한 소녀
- 오, 박지현 선생!
- 진주교대 초창기의 문학 활동
- 진주 지역과 동학농민운동

아동문학의 큰 숲, 박종현 선생!

부산 민락동 자연횟집 '방파제'에서 만났었다. 『열린 아동문학』 (2013년 봄호)에 작품을 같이 발표한 것이 계기였었다. 특별한 원고료라서 특별하게 만나고 싶은 선생님을 만나게 하는 행운이었다. 그때만 해도 고성 '동시동화나무의 숲'의 역할을 '방파제'가 했었다.

선생님은 전라도 표준어를 잘 구사하신다. 그 억양도 강하시다. 어떤 땐 알아듣지도 못한다. 고향이 전남 구례이고, 광주사범학교를 나와서 초등학교 교사를 했고, 서울 생활도 했으니까 표준어에 가깝게 교정할 기회도 있었으리라. 그러나 고향의 언어를 견지했다. 그게 얼마나 정겨운가. 살아온 삶의 방식을 가식하지 않고, 다듬지 않고, 가진 그대로 보여주는 것이니까.

꽤 저돌적 삶이었다. 초등학교 교사로서의 삶을 팽개친 것은 평면적 삶을 살지 않겠다는 의지 아니겠는가. 그런 무모함이 『아동문예』라는 잡지도 만들 수 있었으리라. 또한 추천이나 당선의 과정을 거부하고 동시집 『빨강 자동차』(1965, 향문사)를 발간하면서 등단한다.

『아동문예』가 창간된 것은 1976년 5월이었다. 104쪽 분량에 값은 400원이었다. 한 달 후『아동문학평론』이 창간되었다. 이 두 잡지가 아동문학의 확산과 역동적 에너지를 가동하면서 아동 문단에 지대한 영향을 끼친다. 그러나 발간 성격이나 노선이 아주 달랐다.

『아동문예』는 동시, 동화 등 작품을 위주로 아동문학의 유의미한 확산에 기여하면서 서민의 손을 잡았고,『아동문학평론』은 아동문학 연구를 통하여 장르 기반을 튼튼하게 하려는 학문적 성격이 강했다.

『아동문예』는 광주에서 발간되면서 볼륨도 약했고, 인쇄 기술도 거칠고 촌스러워 꾀죄죄했다. 이에 비하여『아동문학평론』은 문학박사이신 이재철 선생이 중심에 섰고, 책의 두께도 제법 컸고, 한자어도 사용하였으며, 인쇄나 편집도 세련되었고, 작가 탐구 등 굵직굵직한 평론들이 실렸었다. 그러나 가장 큰 차이는 월간(현재 격월간)과 계간이었다. 현재(2020년 12월 기준)『아동문예』는 통권 439호,『아동문학평론』은 통권 175호다.

『아동문예』는 잡초처럼 강했다. 자빠질 듯하면서도 굽히지 않았다. 오직 선생님의 아동문학에 대한 사랑과 땀과 열정과 집념과 고집이 만들어낸 잡지였다. 그러니까 고난의 가시밭길이었다. 자신의 뼈가 부스러지는 고통을 감내했을 것이다. 나는 그 과정을 지켜보면서 그것이『아동문예』의 근성이었다는 생각을 하면서 내심 박수를 보내곤 했었다.

3월 중순, 광양 매화마을의 바람은 꽤 차가웠지만 매화꽃의 기품을 느끼며 마을을 한 바퀴 돌고 있을 때였다. 카톡~. 차영미 선생이 안부를 묻는 줄 알았다.

'박종현(1939~2020) 선생님 오늘(14일) 오후 3시 40분 자택에서 소천하셨습니다.'

라고 적혀있는 게 아닌가.

순간, 가슴이 먹먹해지는 것이었다. 평소 제 도리를 다하지 못했을 때 때늦은 후회가 아픔과 고통을 더 강하게 한다든가. 가슴 깊이에서부터 북받치듯 아픔이 느껴졌다. 『아동문예』 출신이지만, 평소 제대로 예를 갖추지 못한 것들과 『아동문예』에 더 많은 애정을 보내지 못한 것이 어떤 죄의 무게처럼 가슴을 찔렀다.

'명복을 빕니다. 아동문학의 큰 산을 만들어내신 선생님의 큰 뜻을 돌아보면서 새삼 북받침을 느낍니다.'라는 댓글도 북받침 그것이었다.

가끔 선생님이 생각날 때 『박종현 동시 선집』(2015, 지만지)을 펼쳐보곤 한다.

선생님은 어디에 계실까? 그러고 보니 이미 「구름 위의 집」의 집을 지어 놓으셨다. '노래하는 구름 위/ 은하수는 시냇물// 하늘에다 가득/ 나의 집을 그리자'라고 했었다. 어쩌면 「하얀 새」가 되어 날아오른 것은 아닐까? '내 마음은 하얀 새// 파란 하늘에서/ 하얀 날개를 달고/ 구름으로 흐르고, …' 했으니까. 그러면서 '바람의 노래'와 '하늘의 소리'를 듣고(「도봉산 그림자」) 계실 것 같았다.

노을은 선생님이 서 계신 곳이다. '시인의 마음은/ 노을로 타고 있습니다./ 저녁마다 빨간 노을로/ 타고 있는 하늘입니다.'(「시인의 마음」)라고 했었다.

박종현 선생님! 정말 빈주먹으로 아동문학의 큰 숲을 가꾸셨다.

돌아볼수록 거룩해진다. 이제는 하얀 새가 되어 날아갔을 하늘나라에서 바람의 노래와 하늘의 소리를 들으며, 편안하게 지내면 좋겠다. 무서리 없는 무지개 같은 세상이면 금상첨화일 텐데…. 거칠고 무거웠던 삶의 짐도 내려놓으시겠지.

동시 한 편 읊어본다. 아침의 새 빛처럼 다가온다.

이슬은
밤새워 풀잎을 닦는다.
그리하여 아침은
마알갛게 떠오른다.

바람은
밤새워 창문을 닦는다.
그리하여 아침은
새 빛이 솟는다.

해님은
밤새워 구름을 닦는다.
그리하여 아침은
새 힘이 넘친다.

- 박종현 「아침을 위하여」 전문

(『아동문예』 2020. 5·6월호)

한국의 헤밍웨이 덕암 이영호 선생!

 지난 6월 초순(2023년)입니다. 고성군 대가면에 조성된 '동시 동화나무의 숲'에 들렀습니다. 거기에 선생님이 계십니다. 동시동화나무의 숲에는 소나무와 편백을 비롯한 나무들과 수국을 비롯한 꽃나무들이 빽빽하게 들어서 있는데, 그 숲에 열린아동문학관이 터를 잡고 서 있습니다. 그 앞으로 난 도로를 따라 안국사와 연결된 뒷길 쪽으로 올라가다 보면 선생님을 만납니다.
 '아동문학의 오래된 샘, 동화작가 이영호(1936~2023)'가 새겨진 바윗돌이 크고 우람한 소나무 곁에 서 있습니다. 소나무처럼 푸른 정기를 받으며 서 있습니다. 선생님을 만난 듯 기분이 우쭐해집니다. 후배들의 우상이었으니까요. 이 숲은 선생님을 비롯하여 한국의 내로라하는 아동문학가들을 모셔놓았습니다. 어쩌면 아동문학가들의 성지이기도 합니다. 보고 싶을 때는 언제든 찾아가면 됩니다. 그렇게 선생님을 만났습니다. 물론 연전에 세워진 저의 바윗돌도 만났고요.
 선생님의 바윗돌을 어루만져 봅니다. 체온이 느껴지는 듯했습니다.
 기억하시죠? 선배님께서 교육잡지 『새교실』 편집부에 근무할 때입니다. 이 잡지는 대한교육연합회 기관지였기 때문에 대한교련이 주최하는 행사를 안내하고 주관했습니다. '전국초등교육대상'은 우리나라 초등교원의 연구 의욕과 창작열을 고취시키기 위해 제정되었는데, 제가 제13회(1976) 초등교육대상 문예부문(시)에 1등급으로 당선됐지요. 당시 장생포 초등학교에 근무할 때였습니다.

"박일 선생이죠. 축하합니다."

"예?"

"1등급 당선되셨습니다."

그 감격을 맨 처음 안겨주었지요. 선생님의 활동은 익히 알고 있었지만 대문학가이신 선생님께서 직접 전화를 주리라는 것은 상상도 못했습니다. 전율 같은 감동이 아직도 흐르는 듯합니다. 그때 만들어주신 기념패는 지금도 제 책장에 모셔져 있습니다.

2004년 가을 어느 날입니다. 부산에 오신다는 연락을 받았습니다. 그때 선생님은 한국문인협회 상임이사와 『월간문학』 편집주간을 맡고 있을 때입니다. 몇 분을 더 불러내어 어느 횟집에서 만찬을 가졌습니다. 마음의 빚을 갚아야 하는데 근 30년이 지났습니다. 참 많은 이야기를 나누었지요.

"박 선생! 퇴임하고 뭐 할 거요."

"여행도 하고 글도 좀 쓰면 되겠죠."

"그건 문학가의 필수사항이고. 골프를 치면 시간 보내기 그저 그만이야."

"예, 알겠습니다."

저는 문협에 대한 불만도 털어놓았지요.

"왜 『계간 아동문학가』는 아직 발간되지 않지요?"

그 당시 『월간문학』의 발표 용량을 늘이기 위해서 장르별로 계간지를 만들어 지면을 늘였습니다. 그러나 아동문학만은 발간이 늦어졌습니다. 그 때 선배님의 곤혹스런 표정을 읽었습니다.

"내가 아동문학가인데 아동문학에 대한 애정이 남다르지. 왜 발간하고 싶지 않겠나? 좋은 작품을 기다리고 있는 중…."

하면서, 말을 흐렸지요. 그리고 고개를 저었지요.

저는 퇴임 후, 골프를 배웠지만 이미 굳어진 습관 때문인지 썩 좋은 폼은 아니지만 친구들과 라운딩을 즐길 정도입니다. 언젠가 선생님과 라운딩이라도 한 번 갔으면 좋겠다는 희망을 가지고 있었습니다.

그런데 웬일입니까? 수 년 후, 서울에서 만났습니다. 그때 거의 여든이 되었을 것입니다.

"선생님! 라운딩 한 번 가셔야죠?"

"그런데 어쩌나! 골프채와 캐디백이 없어. 거리도 안 나오고, 실수도 잦아 그만 두었네."

하는 것이었습니다. 세월의 무상감이 느껴지기도 했습니다.

동극작가 박원돈 선생은 선생님의 영향력을 많이 받았나 봅니다. 만날 때마다 '내가 아동문학의 길로 입문하는데 결정적인 영향을 준 사람은 이영호다'라고 했거든요. 그의 수필(「겨울꽃」이 피기까지)에도,

'졸업(진주사범)을 하고 처음으로 발령을 받은 학교가 경상남도 함안군 함안국민학교였는데, 같이 발령받은 동기가 우연히도 이영호 선생이었다.

육·이오 사변으로 초토화된 읍내가 채 재건이 되지 않아, 둘은 학

교 숙직실에서 자취를 하였다. 같이 기거를 하는 동안 이영호 선생이 매일 밤늦게까지 글을 쓰는 것을 목격할 수 있었다.'라고 하면서, 선생님의 창작 열의와 집념이 무료한 그에게 자극제가 되어 글을 쓰게 했으니까요.

제26회(2009) 불교아동문학상은 가장 최근에 수상한 것입니다. 심사위원장은 한국문협회장이었던 신세훈 시인이었는데 선생님을 선정하고 다음과 같이 평했습니다.

'이영호 선생은 한국아동문학인협회 회장을 역임하고, 60연대 후반부터 소년소설과 동화창작에 힘써 30여 권의 저서를 가지고 있는 원로 작가이다. 70대의 고령임에도 활발한 창작활동을 하고 있는 덕암의 수상자 결정은 최근에 발표한 팔만대장경중 "본생경-부처의 전생 이야기 설화중-옹고집 이야기의 모태인 부자 이야기"를 개작한 『옹고집전』으로, 문학상 운영규정에 따라 새로 쓴 두 편의 작품을 제출받아 수상작으로 공표하는 것이다.'라고요.

선생님은 활화산 같은 열정으로 굵은 삶을 사셨습니다.『열린아동문학』(2012년 겨울호)은 선생님 탐방 기사의 모두에 이렇게 적었습니다.

동화작가 이영호 선생님의 '사람'에 대해 '선이 굵은 선장' 같은 사나이(동화작가 이동렬)라 비유했고, '작품'에 대해서는 '겨레가 당한 질곡의 증언'(아동문학평론가 최지훈)이라고 자리매김했다. 적절한 표현이라고 공감하는 사람이 많을 것이다.

이영호 선생님은 우리 동화가 해방 이후 일본 냄새와 때를 빼고 고유의 서사 문학으로 골격을 갖추는데 이바지했으며, 특히 광복에 이은 6.25의 상흔과 그 질곡을 풀고 나온 새싹 같은 겨레 얼을 옹기에 담아 갈무리 하듯 개성 넘치는 창작활동에 매진해 왔다. 그동안 작품을 발표할 때마다 화제를 불러일으켰고, 또 문단 활동에서도 적잖이 화제의 중심에 서기도 했다.

 최근에는 수염을 길렀습니다. 아침마다 수염 깎는 일이 번거로워 더부룩한 채 이발소에 갔더니 그게 잘 어울린다고 하셨다지요. 그래서 얻은 별명이 '한국의 헤밍웨이' 아닙니까? 굳이 수염 때문만은 아니겠지요. 이를 이 글의 제목으로 삼았지만 선생님의 창작 열정에 버금갈 만한 크고 묵직한 제목을 찾지 못한 무지를 용서해 주소서.
 '어린이문화진흥회'의 창립은 일생일대의 사업이었지요. 대우그룹 김우중 회장의 일대기인 전기소설 『세계를 가슴에 안고』를 소년한국일보에 연재하고 이를 책으로 펴낸 것이 계기가 되어 대우그룹의 지원을 받게 되었지요. 밀리언셀러였던 『세계는 넓고 할 일은 많다』도 선생님의 손을 거쳤다고 했지요.
 진흥회 창립 당시를 회고하는 글은 『어린이문화 2022』(이희갑, 어린이문화진흥회 부이사장)에 실려 있습니다.

 1989년 10월에 '어린이문화진흥회'는 코리아나호텔에서 총회를 열어 창립되었고, 1990년 김우중 대우그룹 회장으로부터 운영비 및 기금 지원을 약속받아 1991년 3월 사단법인 등록 허가를 취득하며 마련한 마포 강변한신코아 14층 사무실. 그곳에서 '어린이문화진흥회'의 깃발을 높이 올렸고….

대우그룹이 그렇게 허무하게 쓰러질 줄 누가 알았겠습니까? 그 때 비로소 후회를 했지요.

"아. 내가 바보였지. 김우중 회장이 30억을 준다고 할 때 그냥 받는 건데…"

매년 1억씩 지원받아 오랫동안 유지하려는 꿈이 깨지고 말았지요. 그 때문에 진흥회의 진로도 굴곡을 겪었고요. 그러나 지금까지 유지할 수 있는 것은 선생님의 놓아준 발판이 단단했기 때문입니다.

『열린아동문학』은 2012년 선생님을 탐방했습니다. 탐방 기사의 끝부분에 '앞으로 꼭 쓰고 싶은 작품, 하고 싶은 말을 듣고 싶습니다'라고 했을 때 이렇게 답했지요.

'새로운 일에 대한 희망을 이야기하기에는 내가 이미 너무 늙었다는 생각을 합니다. 그렇지만 두 가지 일은 꼭 이루고 싶답니다. 그 하나는 단편소설집 한 권을 출간하는 것입니다. 습작했던 작품을 개작해서 이미 문예지에 4편을 발표했고, 당선작과 추천작을 챙기고, 새로운 작품을 몇 편 더 써서 문예지에 발표한 후 그것을 묶어서 작품집 한 권을 냈으면 하는 것입니다. 그게 소설에 대한 오랜 빚을 갚는 길이라 생각하고 있습니다.

다른 하나는 자전적 장편 소년소설을 한 편 써야겠다는 것입니다. 그것이 아동문학가로서 자신을 돌아보는 마지막 작업이 되지 않을까 생각합니다.

나는 작품 쓰는 일 이외 문단활동과 어린이 문화 활동에 너무 많은 정력과 시간을 허비했던 것에 대해 깊은 후회와 허탈감을 느끼고 있습니다. 역량 있는 후배들은 나와 같은 전철을 밟지 말았으면

하는 생각입니다.'라고요.

자전적 장편소설이 발간되었다는 소식은 끝내 듣지 못했습니다만 선생님의 불꽃같은 삶은 영원히 빛을 잃지 않으리라 믿습니다.

김종상 시인의 「추모시」의 부분을 인용하면서 마무리합니다.

> 덕암은 나와는 평생 문우였고,
> 아동문단에서는 참으로 믿음직한
> 민족문학의 우뚝한 봉우리였으며
> 문림文林에서는 거목이었으니
> 그가 떠난 빈자리는 너무도 넓다

선생님! 이제는 불꽃 같은 창작 열정과 고단했던 육신 조용히 누이시고, 이 푸른 낙원에서 소나무와 함께 영생을 누리소서. 가끔 뵙겠습니다. 명복을 빕니다.

(『남강문학』 제16호, 2022.)

고향의 솔바람이 된 소년소설가 감상남 선생!

고향의 마파람

소로마(솔ᄆ)!

그(김상남, 1937~2023)의 아호이며 필명이다. 고향 소나무에 부는 마파람(남풍)이란다. 문학 감수성을 키워준 고향에 대한 향수를 품고 살았다. 김동환은 '남촌서 남풍 불 제 나는 좋데나-시「산 너머 남촌에는」부분-'라고 했으니, 뭔가 가득 실어 올 것 같은 봄이 그리워진다.

그는 김수로왕 74세손이다. 왕손에 대한 자긍심이어서 간혹 이 이야기를 하기도 한다. 1937년 남해송남(송정) 해수욕장이 보이는 미조마을에서 태어났다. 진주사범을 졸업하고, 부산에서 교사시절을 보냈다.

새천년이 되면서 아호를 즐겼다.『어린이문예』(2004. 9/10)에「외톨이는 없다」,『화전』창간호(2005년)에 실린 소설「만가」,『어린이 글수레』(2006 봄)의「조각난 동심을 찾으려고」그리고『남강문학』 제5호(2013)의 꽁뜨「진주 비빔밥」과 제6호의 꽁트「세세년년-29장」등은 '소로마'로 발표했다.

1995년에 부산아동문학인협회장(2년 임기)을 맡았다. 그때 '깊은 바다에서 건져 올린 잠수부의 소라도 소중한 자양분이지만, 우리가 만든 시 한 편은 어린이의 마음에 아롱져 내일을 살아가는데 길을 밝히는 꺼지지 않는, 불씨가 될 것입니다'[1]라며 아동문학의 중요성을 설파하기도 했다. 연간집 『바닷속 작은 마을』과 『바다를 담은 풍선』을 펴냈고, 동화 「아버지는 아기곰」과 「청룡 둑에서 청룡을 따라」를 발표하기도 했다. 이때는 본명이었다. 그러나 회장직을 떠난 후에는 연간집에 작품 발표를 하지 않았다. 고문직을 맡아 이사회 참석을 하면서 동정을 보여주었지만, 2020년 1월 이사회 참석이 마지막이었다. 막걸리 한 병이면 즐겁고 행복했다.

2004년에 부산아동문학인협회 까페를 개설하면서 '소로마 김상남 서재' 방도 만들었는데, 작품보다 유머나 자질구레한 삶의 이야기들로 채웠다. 아마 이 방이 창작 고뇌의 해방구였는지 모르겠다. 예를 들면 '사오정 강도'라는 제목 아래 '바보집에 든 강도 멍청한 바보를 보자 장난기가 발동... "꼼짝마! 문제 맞추면 돈만 빼앗고 그냥 가겠다. 삼국시대는 무슨 나라들로 이뤄졌냐. 10초를 세겠다." 말끼도 모르는 바보, 칼은 무서운 줄 알아서 엉겁결에 "배 째실라고 그려?" 한 것이 '백제, 신라, 고구려'로 들려 위기를 넘겼다나⋯' 이런 활동도 494회 '글자 고치기'(2016년 01, 02) 이후 멈추고 말았다.

그의 기억력은 천재급이다. 한번 입력되면 놀랄 정도로 정확하다. 그래서 '걸어다니는 문학사전'이라 했다. 등단 연도와 경로, 그리고 그 사람의 문학적 업적과 교우 관계를 환히 꿰고 있다.

귀가 어두워지면서 문학회 등 참여가 어려워졌는데, 치매까지 겹

---

[1] 부산아동문학우수작품 선집, 『바닷속 작은 마을』, 가이더문화사, 1995, p.4.

쳐 사람을 알아보지 못할 정도였다고 한다. 그러나 2023년 봄에 방문한 동화작가 김상곤 선생은 정확하게 기억하더라고 증언하기도 했다. 2023년 11월 10일 영면하셨다. 향년 86세.

등단과 문단 활동

「1950년대 진주 학생 문학 활동」2)은 전국에서 가장 활발했고, 왕성했다고 회상하고 있다. 1957년 2월에는 종합학생문학동인 '진주학생문단회'가 출범해서 동인지『청천』을 발간하고, 11월에는 '영남학도문학회'를 결성하여 동인지『영화嶺花』를 창간하기도 했다. 그는 이 문학회의 창립 멤버로 활동했고, 국학대학 주최 전국학생 문예작품 모집에서 소설 부문에서 입상하기도 한다.

1953년『학원』의 청소년소설 공모에「산딸기 익는 마을」이 당선되는 등 일련의 문학활동은 진주사범에 재학하면서 학생 문학 활동의 선두에 서게 했다. 1975년에 이르러 ≪조선일보≫와 ≪중앙일보≫ 신춘문예에 소설「출토기出土記」와 동화「비둘기」가 당선되고, 문공부 주최 장편아동소설 공모에「꽃댕기」가 당선되면서 화려하게 등단한다. 그 때의 상황을 다음과 같이 회상한다.

진주사범 재학 시 결심한 게 있다. '진주에 있는 국비장학생이 다니는 학교에 가게 되었는데 나보다 나이가 적은 녀석들이 어찌나 영어와 수학을 잘하는지 그만 질려버렸다. 내가 할 수 있는 것은 글쓰기밖에 없었다.'3)고 한 걸 보면, 글쓰기로 그들과 차별화하려고

---

2) 허일만,『남강문학』제3호(1911), pp.386~396.

했나 보다.

수상은 문공부 창작문학상(1975), 해강아동문학상(1982), 한국아동문학상(1989), 영남아동문학상(2005), 실상문학상(2009), 부산원로문학상(2018)과 국민훈장-목련장 등이다.

저서는 『봄부터 걸린 고뿔』(1983, 제일문화사), 『흰구름 먹구름』(1986, 효성사), 『이사가는 비둘기』(1992, 보리밭), 『백마 타고 온 사람』(1993, 삼익출판사), 『하느님, 2월에는 하루만 더 주세요』(1994, 윤성), 『보석이 열리는 콩나물』(1995), 『산골 아이의 자동차』(1995, 보리밭), 『춤추는 과녁』(1999, 대산), 『잘 가라 폭탄 갈매기야』(2007, 두손컴) 등이다.

부산아동문학인협회장, 부산문협부회장, 한국아동문학가협회 부회장, 부산소설가협회 사무국장, 화전문학회고문, 남구문학회장, 남강문우회장, 전국문예창작인연합 상임위원, 현대시절가조연구회 자문위원, 불교문인협회 자문, 서포김만중선생숭모회 감사 등을 역임했다.

김문홍 소설가와 대담한(2014. 6) 내용[4] 중 일부(근황과 등단 시절)만 옮긴다.

> 김문홍: 안녕하십니까? (중략) 김 선생님의 안부와 근황을 자주 묻곤 합니다. 그럴 때마다 저는 말 끝머리에 "참 능력 있는 작가인데 요즘 글을 쓰지 않아 안타깝습니다."라고 푸념을 하곤 합니다. 요즈

---

3) 『어린이문예』「나의 등단 시절 이야기-동화작가 감상남」 2011, 가을호, p.81.
4) 「부산아동문학의 맥-김상남 편」 부산아동문학인협회 까페(http://cafe.daum.net/busanadmi)

음 글은 쓰고 계십니까, 아니면 글을 통 쓰지 않으시는지요?

김상남: (전략) 아동문학계의 나의 위상이 겹쳐져 많이 우울했습니다. 닳아빠진 구두 뒷굽을 갈고 있는 신기료장이가, 마치 200자 원고지를 메꾸어도 동화가 안 되어 쓰레기통에 버리는 나보다는 훨씬 낫다 싶었습니다. 사흘이 멀다 하고 새 신으로 바꿔 신는 세태에 오래도록 두고 신는 '꼬까신'을 어찌 한 번 만들어 볼 수 없을까 하고 늘 밤잠을 설칩니다. 김박사께서 저에게 쏟는 관심의 반에 반도 못 갖는 저의 무심함이 때로는 자괴감을 넘어 채찍으로 저를 압박하기도 합니다. 짚어 주신대로 통 글을 쓰지 않습니다. 쓰지 않는다기보다 못 쓴다는 표현이 맞겠습니다. (후략)

김문홍: 문단 등단 무렵에 대해 알고 싶습니다. 제가 알고 있기로는 1970년대 중반에 중앙일보사에서 발행하던 ≪소년중앙≫문학상에서 동화가 당선되면서 등단한 걸로 알고 있습니다. 그리고 곧이어 광복 30 주년 기념 현상공모에서 장편 아동소설『꽃댕기』가 당선된 걸로 알고 있습니다. (중략) 등단 당시의 에피소드 같은 재미있는 얘깃거리도 궁금합니다.

김상남: 당선통지서가 문공부로 되돌아가자 호구조사를 해서 겨우 필명 '김어진'(아내의 이름)의 남편이었던 저에게 전달되었습니다. 아버지께서 고향에서 받으시고는 저에게 간단한 격려편지와 함께 보내셨는데, "문공부에 기고한 작품이 당선되었다. 더욱 면려하기 바란다. 부친"이라고 씌어 있더군요. 곧 문공부에 전화해서 당선이냐, 가작이냐부터 물었습니다. 퇴근해 아내에게 알렸더니 딸아이들을 불러 울면서 "이제 너희들도 대학공부까지 할 수 있다. 아버지가 글 쓰면 된다." 하던 말이 지금도 생생합니다. 교사 월급으로는 매우 힘든 살림살이였습니다. 기성, 신인 안 가리고 응모할 수 있기에 신인 당선은 과욕이고, 혹시나 예선에 오르면 부산아동문학회 회원으로 이미 기성 행세하고 있는 처지라 남새스럽다고 아내 이름으로 했고, 주소도 셋방살이하던 여동생 집이었던 연산동으로 했으니 작가를 찾느라 전국 수배령이 내렸던가 봅니다. 고향의 지서에서 김어진의 남편이 글쟁이라는데 혹시 알지 않을까 싶어 물었던 것이 적

중했나 봅니다.

 500장 가량이었는데 겨우 반쯤 쓰니 마감일이 다 돼 부산역 앞의 '여원 타자교실'에 갔습니다. 낙서와 다름없는 초고를 타자로 쳐 달라 주문하고 나머지 부분을 마무리 짓는데, 타자 강의를 맡은 원장님이 넘기는 쪽쪽 치길래 나중에는 메모지를 보며 구술口述을 했습니다. 당선되면 영화와 드라마로 만들고 책도 출간해 준다는데 사실 초고가 아직도 내 머리 속에만 있고 오래 된 글이라 당선작 타자 원고가 어디 있는지도 알 수 없습니다. 『학원』 잡지에 연재하다가 이 잡지의 폐간과 함께 「꽃댕기」의 연재도 중단했습니다. 타자 친 작품을 들고 부산역으로 가다가 흥분한 나머지 광장에서 택시가 다가오는 것도 모르고 걷다가 맞부딪쳤지만 툭툭 털고 운전수에게 손을 흔들었습니다. 봄비가 내렸는데 그만큼 기분이 좋았다 할까요. 마감 넘겼다고 안 받아주면 출판사에 팔아넘길 작정이었습니다. 문공부에서는 시골서 직접 갖고 오니 접수는 하는데 그냥 가라기에 접수증을 요구했습니다. 나중 떨어지면 출판사에 팔려 했는데 원고는 그뿐이어서 입니다. 어떻게 마무리했는가도 기억이 가물가물합니다.

 「꽃댕기」 상금으로 집도 장만했지만 그 집이 지금은 제칠일안식교회의 목사님이 삽니다. 아내가 저승에 가고 「꽃댕기」의 메모장도 2층에 불이 나면서 사라졌지만, 아직 동백꽃과 산호수 나무는 그대로 있는지 궁금합니다. 가보고 싶어도 왠지 울음이 터질 듯해서 한 번도 가지 못했습니다.

 70년대가 절정이었다. 그때만 해도 그의 문학은 '서릿발 칼날진 그 위에 서'(이육사 시 「절정」 부분) 있었다. 그 여세는 90년대까지 이어진다. 그런 절정이 오히려 글쓰기를 어렵게 했거나 과작의 원인이 된 것은 아니었을까? 그래서 문학회 활동(창립 등) 등에서 존재감을 뽐냈다. 창립에 관여한 문학회만 해도 '부산아동문학가협회' '부산소설가협회' '화전문학회'[5] '남강문우회' 등이다.

'부산아동문학가협회'는 1977년 '우리는 안일한 창작태도보다는 오히려 치열한 작가정신(프로정신)을 높이 사고'6)자 조직했고, 그해 동인지 『하얀 뱃고동』을 상재했는데, 그에 실린 그의 동화 「쫓겨난 여우」는 당시 여당이었던 공화당의 언론 탄압 정책을 비판했다는 내용을 담았다고 해서 검열을 당하기도 한다. 1984년 부산아동문학인협회에 흡수된다.

'화전문학회'는 2000년대 초부터, 재부 남해 출신 문인들이 모임을 가지다가 그의 제안으로 2005년에 결성된다. 초대 회장은 시인 양왕용, 제2대 회장은 수필가 김상곤, 현재는 박윤덕 동화작가가 회장직을 맡고 있다. 그는 고문으로 추대되었다. 남해군과 남해향우회의 지원을 받으며 활발한 활동을 하고 있고, 현재 회원수는 40명 정도다.

'남강문우회'는 2008년 조직된다. 이를 위해 주비위원 결성과 회칙 초안 등으로 기반조성을 다했으며, 정재필, 성종화에 이어 제3대 회장(2010)으로 활동한다. 2013년 '남강문학회'로 개명했지만 동일 명칭의 문학회가 있어 '남강문학협회'로 변경했다. '남강문학협회'(회장 김기원)는 서울, 부산, 경남 등 전국적 네트워크를 확보하고, 기관지 『남강문학』을 제18호(2023)까지 상재하는 저력을 과시하고 있다.

---

5) 화전(花田)은 조선 중종 때 학자 김구(金絿)가 지은 경기체가인 「화전별곡(花田別曲)」에서 인용했으며, 이는 작가가 기묘사화에 연루되어 남해에 유배되었을 때 화전(남해)의 아름다운 경치와 생활을 노래한 작품이다. 경남 남해 출신 문학가들의 모임이다.
6) '77아동문학선집 『하얀 뱃고동』 후기, 문성출판사, 1977.

대표작품집 『봄부터 걸린 고뿔』

　저서 8권 중 창작동화로 발표한 저서는 『이사가는 비둘기』, 『백마 타고 온 사람』, 『하느님, 2월에는 하루만 더 주세요』, 『보석이 열리는 콩나물』, 『산골 아이의 자동차』 그리고 『잘 가라 폭탄 갈매기야』(2007, 두손컴) 등이다.
　이미 '아동소설의 달인'[7]이라고 소개한 바 있듯이 그는 소년소설가다. 넓은 의미의 동화는 신화, 전설, 민화 등 아동을 위해 씌어진 초자연적 성격의 옛이야기류를 모두 포함한다. 좁은 의미의 동화라고 하면 보다 현대적 성격의 동화 개념을 분명히 하면서 제한된 영역으로 범주를 좁히게 된다. 아동 독자를 염두에 두고 창작된 산문 문학을 말하며 창작동화(생활동화)와 소년소설이 그것들[8]이라고 했으니, 소년소설도 동화의 범주에 넣을 수 있다.
　아직 아동문학의 장르 분화에 대한 담론을 형성하지는 않았지만, 동화와는 다른 방식으로 여러 소재와 감정을 다루며 어린이 독자의 독서 경험을 확장했으며, 그러면서도 사회적 메시지를 적절히 녹여냄으로써 현실의 문제를 소홀히 하지 않는 면모를 보여주었다.[9] 그러니까 동화라는 틀에서 소년소설을 분석하는 것도 문제가 있을 수 있다. 공상이나 환상을 배경으로 하는 동화보다 소설은 현실세계를 다룬 산문적 문학 작품이니까 이에 맞는 색깔과 정체성에 대한 이

---

[7] 김문홍, 『부산예술』「부산의 예술가-동화작가 김상남」 2018. 2, pp.46~49.
[8] 윤삼현, 『아동문학 창작론』 시와사람, 2005, p.136.
[9] 강동희, 「장르세계의 복판에서 동화가 펼쳐진다면」 『아동문학평론』 2023, 겨울호, p.26.

해를 바탕으로 탐색해나가야 한다.

소년소설은 정치적·사회적 혼란과 전쟁에서 오는 각박한 현실이 동심에 미친 영향으로 말미암아 아동들은 좀 더 현실적인 읽을거리를 요구하게 되었고, 이러한 사실은 환상적이며 실질적 본격동화의 위기를 불러오10)면서 소년소설이 현저히 나타나고 있다.

그의 동화관은 동화는 직관적인 새김, 따뜻한 가슴이어야 용해되는 특이한 언어구조를 갖고 있다. 따라서 이미 굳어진 인식체계나 감성으로는 동화의 비상식적 문법이나 환상조작술에 당혹감을 느낄 뿐이다. 그리하여 동화에 투영된 세계는 현실과 멀다고 보거나 황당하리라는 혐의로 동화의 순기능마저 위축당하기도 하는데 못내 안타깝다11)라는 것이다. 동화가 갖는 환타지 공간은 현실로부터 탈출하면서 딴 세계로 안내한다. 현실과 동떨어진 환타지 세계에 대해서는 상당한 거부감이나 당혹감을 가지고 있으니까, 소설 기법을 즐겨 사용했으리라.

『봄부터 걸린 고뿔』은 그의 장편소년소설이다. 11부-1부 낮에 꾼 초록꿈, 2부 초록별이 보낸 쪽지, 3부 아카시아잎 물고 다섯 번 뛰어라, 4부 떠돌이별, 5부 별이 내린 동산, 6부 자료실에서 만난 괴물, 7부 하얀 소녀를 만나라, 8부 이·티가 온단다, 9부 토요일 오후의 가출, 10부 을숙도 갈대밭, 그리고 추격전 그리고 11부 별을 쏘는 활터-로 나누었는데, 추리 기법을 도입하여 시종 긴장감을 준다.

발단 단계는 1부와 2부다. 주인공 바로는 4의 4반 학생이지만, 담

---

10) 정진채, 『현대동화창작법』 빛남, 1999, pp.29~30.
11) 김상남, 동화집 『이사가는 비둘기』 머리말, 도서출판 보리밭, 1992.

임교사가 산후조리 휴가를 받는 바람에 아이들이 분반하여 수업을 받는다. 수업 부적응을 보이지만

'초록별'이 보내는 쪽지에 관심을 보인다.

전개 단계는 3부에서 7부까지다. '초록별'의 정체를 밝히려고 노력하는 과정과 담임 없는 교실에서 교무주임과 대체 강사의 무성의한 지도 방법에 불만을 보인다. 수업에 관심이 없어지면서 성적도 안 좋아지고, 가끔 땡땡이를 치기도 하면서 자료실에 감금되는 일도 일이나 괴물을 만나는 일이 일어나기도 한다.

위기 단계는 8부와 9부다. 이·티를 만나라는 해프닝도 일어나지만, 담임교사의 편지를 읽고 바로와 삼호는 선생님을 만나러 명지동으로 간다. 당시 교통사정이 좋지 않아 을숙도를 건너서 명지동으로 간 것 같다. 마침 을숙도에서 백일장이 열리고 있어 글짓기 작품도 제출하기도 하고, 새들을 관찰하고, 무더위에 수영을 하기도 하다가 해는 지고 길을 몰라 을숙도에서 방황한다.

절정 단계는 10부다. 갈대밭에서 하룻밤을 지내리라 생각하고 있는데, 여자애들의 비명소리를 들었고, 손전등을 들고 쫓아오는 남자들을 본다. 남자들은 을숙도에서 밀렵하는 사람들이었다. 이들과 대치하는 과정은 극적이었다. 결국 경찰 헬리콥터가 등장하고 밀렵꾼들을 체포하면서 끝난다. 바로 아버지가 바로가 백일장 장원으로 입상했다는 소식을 듣고 아이들이 을숙도에 있다는 것을 예감하고 경찰을 동원하게 했다.

결말 단계는 11부다. 담임이 출근하면서 아이들의 갈등은 해소되었고, 삼호가 아버지를 여의고 밀양 외가로 가면서 전학 갔지만 어머니가 곧 데리고 와서 <초록별> 행세를 한 것이 밝혀지지만, 이런

일련의 행위들은 4의 4반을 찾기 위한 노력이었다. 삼호는 활터에서 시중을 들고 있는데 이와 곁들여 국궁을 쏘는 방법 등을 소개하기도 했다.

책 끝에 '아동문학은 어머니의 젖처럼 가장 좋은 단백질로만 이뤄줘야 되는 것이지 간식이나 대용식 역할밖에 되지 않는다면 아동문학의 소임을 다했다고는 보기 어렵습니다.'라고 했다. 이 작품에 얼마나 심혈을 기울였는지 알 수 있다. 이 작품에 대한 자평12)은 '내 작품을 다시 읽으니 나는 문장이 아주 경쾌하고 묘사가 잘 되었다고 자만에 빠졌습니다. 그런데 어째 줄거리가 안 떠오를까. 아마 표현 쪽이 승하지 않나 여겨지더군요. 문체는 이제 바꿀 수도 없고 그대로 내 식을 고집할 수밖에 없는데, 하원(김문홍) 선생이 문장이 좋다니까 기분이 아주 유쾌합니다. 그런데 이야기는 중언부언해도 재미가 나야 하는데, 재미가 문장의 상관성을 좀 의아하게 해서 줄거리 구성에 치중해야겠다고 여깁니다.'

공간 배경은 어느 초등학교지만, 땡땡이를 치고 모이는 장소가 자성대였으니까, 그곳과 가까운 초등학교였을 게다.

『봄부터 갈린 고뿔』은 바로가 고뿔에 걸리기도 했지만, 분반이 되면서 정체성을 잃고 다른 교실에서 공부를 하는 학생들 모두의 은유였다.

삼호는 '초록별'이 되어 바로를 비롯하여 학급의 아이들을 조종한다. 그의 정체를 숨기면서 쪽지 메시지-요즘처럼 전자기기나 휴대폰이 발달하지 못했던 때-를 은밀하게 보내면서 행동 지휘를 하

---

12) 주4 참조.

는데, 그의 정체가 드러나지 않음으로써 추리소설처럼 재미있게 이야기를 이끌어간다. 그러면서 동화적 요소도 간과하지 않아 적절한 유희성을 유지한다. 아이들과 학교의 갈등은 아이들이 피해를 입는 구조지만, 학교 운영의 편의에서 아이들을 희생시켜서는 안 된다는 메시지(주제)를 강하게 던져준다. 아이들과 담임교사의 건강한 교류가 아이들 성장에 무엇보다 중요하다는 것이다.

바로는 '푸른별'의 행동 지시를 잘 따르는 아이지만 그의 정체를 파악하려는 노력은 갈등 구조를 계속 이어가게 했다. 을숙도에서 밀렵꾼들과 대치하는 행동은 약자와 강자의 대립인데 약자의 편을 들어주면서 난관을 헤쳐 가는 서술은 긴장감과 재미를 주기 위한 고도의 서술 전략이었다. 문체는 화려체는 아니지만 평어체로 담담하게 서술했다. 또한 그의 유창한 지식을 거침없이 노출시키기도 한다. 제11부에서 국궁을 쏘는 방법 등을 설명하는 과정에서 비정비팔非丁非八, 흉허복실胸虛腹實, 전추태산前推泰山, 후발호미後拔虎尾 등 한자어가 14개나 나온다.

갸륵한 영애

부산아동문협까페 그의 서재에 오른 글 중의 한 편이다. 동화작가 손수자 선생이 보낸 편지글(2005. 10, 24)이다.

> 소로마 선생님.
> 어제 부산아동문학인협회 세미나에서 값진 말씀 너무 감동적이

었습니다.
 선생님의 삶과 문학에 대한 애정, 그리고 작가로서의 열정 또한 후배들이 본받아야 할 것 같습니다.
 사. 생. 결. 단. 임. 전. 무. 퇴
 잊지 않겠습니다. 누구나 다 알고 있으면서도 막상 쓰려고 하면 좋은 글이 되지 못함은 사생결단, 임전무퇴의 그 정신으로 작품을 쓴다면 아마 역작이 나오리라 생각됩니다.

 부산아동문학 가을세미나(2005년 2월 23일)가 산성마을 전원집에서 있었다. 이 날 그는 특별강연에서 문학가는 충무공의 정신과 '사생결단 임전무퇴'의 신념으로 글을 써야 한다는 것을 강조한 바 있다. 촌철살인 같은 이 말씀에 갈채를 받았다.

 4녀 1남을 두었다. 이들은 『봄부터 걸린 고뿔』을 상재할 때 함께 참여했었다. 첫째 빛나라는 표지그림을, 둘째 슬기론은 안표지 그림을, 셋째 보라미는 차례 그림을 그렸고, 넷째 새로미는 속글씨를 썼다. 막내 슬바센나는 표지 글씨를 썼다. 그렇게 우애를 다져왔기 때문일까?
 큰딸 빛나라는 J고교 국어교사다. 일찍이 어머니가 돌아가셨으니 아버지를 건사하는 일은 그의 책임이라 생각한 모양이다. 결혼도 물리쳤고 아버지와 함께 살면서 요양보호사 역할을 다했다. 문학가 아버지를 지키려는 노력이 갸륵하기 그지없었다.

 끝으로 『어린이문예』에 실린 그의 말을 옮긴다. 문학가들이 지녀야 할 자세에 관한 말씀이다.

글쓰기는 자기세계의 확장이고 자아실현이지 생업으로써는 승산이 없다. 모름지기 자기수양으로 재능을 발휘하는 쪽이 건전하다. 나는 글쓰기를 생활수단으로 삼았으니 화살이 과녁을 빗나간 셈이다. 또한 다소의 재능을 자인할지라도 마치 노동을 하듯 매일 구상하고 써야 하는데 그럴 근면성이 없다면 한갓 정신적 사치에 지나지 않는다. 문예창작도 신약을 발명하는 일만큼 인류에게 희망을 주는 것이어야지 그저 놀이갯감을 양산하는 것이 되어서는 사회적인 해악일 뿐이다.[13]

(『아동문학평론』 2023. 겨울)

---

13) 주3 참조, p.81.

침묵에서 떨어져 나온 동심의 수다
- 성성모의 동시세계

> 봄은 침묵으로부터 온다. 또한 그 침묵으로부터 겨울이 그리고 여름과 가을이 온다. 봄의 어느 아침, 꽃들을 가득 달고 벚나무가 서 있다. 하얀 꽃들은 그 가지에서 나온 것이 아니라 침묵의 체에서 떨어져 나온 것 같다. 아무 소리도 들리지 않게 그 꽃들은 침묵을 따라서 미끄러져 내려왔고, 그래서 하얀 빛이 되었다. 새들이 그 나무에서 노래했다. 마치 침묵의 음흡을 쪼아 올리는 것이 새들의 노래인 것 같았다.
>
> — 막스 피카르트 『침묵의 세계』(까치, 2001)에서

1. 침묵의 음들을 쪼아 올리는

피카르트는 말한다. '침묵이란 그저 인간이 말하기를 그만둠으로써 성립하는 것이 아니다. 침묵은 단순히 말의 포기 그 이상의 것이며, 단순히 자기 마음에 들면 스스로 옮아갈 수 있는 어떤 상태 그 이상의 것이다.'라고. 또한 '말은 침묵과의 관련을 맺고 있으며 침묵의 충만함 속에서 마침내 표상될 수 있다'고 했다.

성성모(1937~2023) 시인!

그는 침묵의 시인이다. 존재감을 나타내지 않는다. 그러니까 모

임에도 참석했는지 불참했는지 헷갈리기도 한다. 손수자 동화작가는 성성모 동시집 『을숙도를 가다』 서문에 '선비 같은 선생님'이라고 표현했다.

충남 공주에서 태어나, 공주사범을 졸업-문학사전에 부산사범으로 기록-하고 부산으로 발령받아 부산에서 근무했다. 초등학교 교사로 있으면서 한국방송통신대학교를 졸업했고. 1974년에는 전국 고전읽기 자유교양경시대회에서 우수한 성적을 얻어 문교부장관상을 수상했고, 1983년에는 부산서부교육청 초등교사 사용 『자율학습지도자료서』(5인 공저)를 발간했다. 주로 서부교육청 관할의 초등학교에 근무했기 때문에 첫 동시집 『을숙도를 가다』가 친숙할 수 있다.

1984년 『아동문학평론』 봄호에 동시 「을숙도」가 추천된다. 추천작 「을숙도」는 다음과 같다.

낙동강 하구
일렁이는
갈밭 속을 간다.

들리는 건
바람의 호소
빛 잃은 갈잎의
흐느낌.

은빛 부서지는 물결 위엔
물새들 나랠 펴며
귀를 모은다.

노을진 갈숲엔
철새들
고이 꿈을 묻어 놓고

그리움 아쉬움에
서로를 달래며
행복의 불씨를 지핀다.

- 「을숙도」 전문

 신현득 시인은 '낙동강 하구 을숙도의 스산한 분위기를 깔고 갈숲에서 겨울을 이기고 있는 철새의 꿈을 잘 승화시킨 수작이다'라고 칭송했다. 그리고 '남은 1회의 추천작을 기대해본다'라고 했는데, 남은 과정은 1993년 제15회 부산아동문학상을 수상하면서 마무리했다.
 당시 공재동 회장은
 "성성모 선생은 동시집을 출간하지 않았습니다. 존재감을 드러내지 않아도 훌륭한 문학 활동을 하고 있는 작가를 외면해서는 안 됩니다." 하면서 그를 추천했다. 그때는 이사회에서 다수의 동의로 결정했다.
 당시 필자도 이사로 참석하여 수상자 결정에 기여했지만, 그는 작품집 없이 부산아동문학상을 수상했으며, 이 상으로 등단의 과정까지 완벽하게 마무리한 유일한 작가였다.

2. 동시집 『을숙도를 가다』

첫 동시집 『을숙도를 가다』(2014, 아동문예)가 출간됐다. 손수자 동화작가가 회장직을 맡으면서 출간 작업을 도왔다. 이 무렵부터 건강에 이상이 오기 시작하면서 문학 활동이나 야외 활동은 거의 하지 못했다. 2013년 부산아동문학인협회 연간 작품집 『무지개를 풀어라』에서 동시 「들꽃 하나」와 「귀성길」을 실은 게 마지막 작품이다.

『을숙도를 가다』가 그의 유일무이한 동시집이다. 어쩌면 그의 침묵에서 떨어져 나온 봄이었을 게다.

손수자 회장이 쓴 서문 일부를 옮긴다.

'텅 빈 교실에서 아이들이 남기고 간 자잘한 웃음소리를 사랑했습니다. 주인을 잃어버린 몽당연필과 지우개와 이야기하면서 미소 지었습니다. 아이들의 키보다 훨씬 자라고 있는 꿈을 사랑하던 어느 날, 동시와 만났습니다.

동시를 만난 선생님은 낙동강 하구 일렁이는 갈밭 속을 걸으며 노을 진 갈대숲에 철새들이 고이고이 묻어둔 꿈을 찾았습니다.'라고.

그는 아이들이 남기고 간 웃음소리와 몽당연필과 지우개와 이야기하면서 미소 짓는다. 그리고 아이들의 꿈을 사랑한다. 어쩌면 을숙도 갈대밭에서 철새들의 묻어둔 꿈을 찾고 있는지 모른다. 조용한 침묵으로 아이들과 동화한다. 침묵의 터널을 지나고 지나서 이루어진 충만의 언어로 수다하고 싶어서.

영식인 손열문은 경성대학교 전기공학과 교수다. '태양발전공학'과 '스마트조명공학'을 전공했고, '차세대전기화학발광트렌지스터

원천기술개발' 등의 과제를 수행하고 연구하고 있는 과학자다. 그는 동시집에서 자식으로서 '올리는 글'을 썼다. '내 인생의 말 없는 후원자이신 아버님'이라 했고, '세상에서 아버지를 가장 존경하는 아들'이라고 썼다.

'그동안 살아오면서 아버지와 나눈 대화는 그렇게 많지는 않은 거 같습니다. 아버지는 항상 말수는 적으셨지만, 언제나 내 곁에 계셨고, 지켜주셨습니다. 때로는 지치고 힘들어 방황하였고, 때로는 어느 길을 가야 할지 고민하기도 하였습니다. 고비 고비마다 올바르게 선택하고 헤쳐 나갈 수 있었던 것은 어머니의 지극한 정성이었습니다. 그리고 아버지의 존재감이었다고 생각하고 있습니다.'라고 했고,

'요즘 아버지가 계시는 병원에 자주 가 봅니다. 옛날보다 말수가 더 없으신 것 같습니다. (중략) 아직은 아버지의 영원한 철부지입니다. 앞으로도 아버지의 아들로 남고 싶습니다.' 하면서 아버지의 영원한 철부지라고 말하지만, 자식들에게도 침묵의 언어가 아버지의 존재감 아니었을까.

동시집 『을숙도를 가다』에는 60편의 동시가 실려 있다. 대다수의 작품이 서술적이거나 산문의 경향을 띤 동시들이다. 형식상으로 3연 20행 이하의 작품은 6편에 불과하다.

원래 침묵은 보이지 않고 소리도 없고 말도 없지만 언어의 제한이 없기 때문에 입을 열고, 귀를 열어 영혼을 울리는 수다를 할 수 있는 것은 아닐까. 그의 동시들은 그의 성품과 달리 '동심의 수다'를 풀어놓은 것이다. 어쩌면 침묵의 수다다.

민수 할아버지께선 TV화면에
이산가족 화상상봉 장면 안 나오면
설레이시며
눈시울을 붉히십니다.

50여 년 전 큰할아버지께서
6.25사변으로 피랍되어 가신 후
지금까지 소식을 모르기 때문입니다.

생사조차 막막한 큰할아버지!
수천수만의 이산가족들이
살아생전 꼭
생사 소식만이라도 들었으면!

이젠 그리움과
눈물마저 말라버린
50여 년 한맺힌 세월.

수많은 할아버지 할머니들께선
가슴에 별을 묻고
하나, 둘……
떠나시는데

언제까지 이렇게
기다려야만 하나!

- 「이산가족 화상상봉」 전문

침묵의 이유는 또 있었다. 민수 할아버지는 필자라고 주를 밝혔는데, 이산가족화상상봉 장면을 보면서 눈시울을 붉힌다. 아마 6·25 한국전쟁 당시 피랍되어 간 형님의 생사 소식을 알 수 없기 때문이다. 50여 년 한 맺힌 세월이 더 침묵하게 했나 보다. 그도 기다리다가 가슴에 별을 묻고 떠났다. 2019년이었다.

퇴임(2000)하면서 황조근정훈장을 수상했다.

3. 동시 세계

그의 작품의 주제는 네 가지다. 이를 중심으로 동시 세계의 일면을 고찰코자 한다.

첫째 고향에 대한 그리움이다.

> 호젓한 고향길을 걸었다.
> 길섶의 이름 모를 풀꽃들은
> 떨기마다 외롭지 않게
> 작은 별로 피어나고,
>
> 산모퉁이 빈 길은 지난 봄,
> 유난히도 뻐꾸기가 울어 대더니
> 이젠 풀벌레 소리만 적막을 가른다.
> 잡초가 우거진 성못길은
> 하얀 억새의 소복이 서럽다.
>
> 파아란 마음들이 옹기종기 모여 살던 마을,
> 하늘 맑고 별 많고 집집마다 나누었던
> 뜨거운 정, 기쁘고도 슬픈 따뜻한 이별,
>
> 조상들의 애달픈 넋은
> 제자리마다 숨 쉬고

가뭇한 옛 추억을 되뇌게 한다.

그리움 가득 담고서
하얗게 하얗게
덮어오는
내 고향 길.

-「고향길」전문

그의 시어는 동시를 초월한다. 독자를 의식하지 않고, 거침없이 표현한다. 그래서 시어들을 가리지 않는다. 침묵하지 않는다. 그러나 동심을 바탕으로 깔고 있기 때문에 투박한 동심의 언어가 되고 만다.

고향에 대한 추억은 굉장하다. 더구나 젊어서 고향을 떠났기 때문에 그 절절함은 더했으리라.

둘째, 교사로서 가지는 아이들에 대한 애정이다. 교사 작가는 아이들에게 교훈적 지시를 많이 하고 싶어 한다. 교시적 기능을 가장 잘 실천하는 이가 교사 작가다.

아이들이 가고 없는 텅빈 교실
유리창 너머 따스한 햇빛이
포근히 감싸줍니다.

책상 마다, 구석의 빈자리 마다

남기고 간 발자국들
소롯이 피어나는
자잘한 웃음소리들

먼지 쌓인 한 구석엔
주인 없는 물건들이
하얗게 기다리고 있습니다.

몽당연필이
동강이 지우개가……

한 친구를 위해
그토록 많이 일을 하고

이젠 수북이 쌓여만 가는
아이들의 흔적

그것들은
그만큼
아이들의 키가 되어 자랍니다.

- 「아이들의 흔적」 전문

    그러나 교사의 잔소리를 보이지 않았다. 아이들을 바라보는 시선이 아늑했다. 그러니까 교시적 기능보다 아이들에 대한 애정을 더 소중히 했다. '~을 해라'가 아니라, 아이들이 하교한 빈자리에서 아이들의 흔적이나 모습을 찾아낸다. 그리고 아이들의 발자국과 웃음소리를 찾아내며 그게 아이들의 키가 되어 자라리라 믿고 있다.

푸른 하늘 이고
네 열어젖힌 가슴은
언제나 보이지 않는
숨결이 있다.

꿈을 간직했던
열띤 함성들이
한껏 숨쉬고
사랑하며
꿈을 닦은 곳.

하늘만큼
푸른 꿈을 먹고
그 깊숙한 침묵으로
매일 문을 열어주는

너는 영원한
마음의 기둥이다.
빛이다.

　　　　　　　　　　　　　-「교문 앞에서」 전문

　교사라고 군림하거나 지시하지 않는다. '하늘만큼/ 푸른 꿈을 먹고/ 그 깊숙한 침묵으로/ 매일 문을 열어주는' 학교가 있으니까. 그 학교가 아이들의 기둥이고 빛이었다.
　셋째. 남다른 가족애를 보였다.

옹알옹알
귀여운 우리 아기
말 배우는 소리
엄마는 잘도 알아듣지요.

아가가 방긋 웃고 있습니다
둥근 볼에
활짝 핀 보조개

여기저기서 절로 터지는 웃음, 웃음 소리
언제나 연둣빛 가슴 부푸는
우리 집의 웃음꽃

아가가 울고 있네.
엄마 얼굴 아른아른
둥근 볼 위로
파아란 하늘이 떨어지네.

아가의 눈빛은
사랑의 빛으로 채워지는
희망입니다.
향기인가

- 「아가의 눈빛」 전문

  손주 아기를 보고 있다. 아기는 방긋 웃지만 시인은 '연둣빛 가슴 부푸는' 웃음꽃을 보고 있다. 아기의 울음도 '파아란 하늘'이다. 그러니까 하늘이 떨어지는 것도 경험한다, 아가의 눈빛은 희망이고 향기였다. 이보다 아름답게 가족애를 표현할 수 있을까?
  넷째 자연에 대한 사랑이다. 그리고 자연에 의존한 그리움이 뻐꾸기 울음처럼 새겨진다.

송화가루 날리는
산 언저리에
새벽을 건져 올리는
뻐꾸기 소리

잊을 수 없는
아련한 그리움

저 봄이 하늘에 젖어 드는데

진종일 번져오는
노래소리

가만히
가만히
귀 기울이면
뭉게구름만큼이나 부푼
그리운 사연

하염없이
하염없이 들려오는
아름다운 노래

- 「뻐꾸기2」 전문

  뻐꾸기가 새벽을 건져 올린다. 아련한 그리움에 젖는다. 진종일 그리움이 번진다. 뭉게구름만큼 부풀어진다.
  그의 자연은 추억이나 체험이 묻어 있기 때문에 그리움의 상대였다. 그러니까 단순한 아름다움이 아니라 감정이 잘 담긴 세계였다.

4. 작은 별꽃이 되어

한아름 해를 안고
하늘을 우러러
풀숲 거친 자리
작은 별로 피어나더니

> 마음 쓸쓸한 가슴들에
> 작은 등불 달아줍니다.
>
> 날마다
> 해마다
> 외로움 아쉬움 속에
> 계절을 채우면서
> 어떤 어둠 어떤 밝음에도
> 드러나지 않는
> 이름은 있어도
> 알아주지 않는 꽃
>
> 모진 비바람 속에도
> 제자리를 지키며
> 고 작은 떨기마다
> 하얀 그리움
> 소망의 꿈을 피워나가는
> 이름 모를 풀꽃이랍니다.
>
>   - 「이름 모를 꽃에게」 전문

 그의 자화상이다. 그는 풀숲 거친 자리에 핀 '작은 별'이었고, '어떤 어둠 어떤 밝음에도/ 드러나지 않는/ 이름은 있어도/ 알아주지 않는 꽃'이었고, '하얀 그리움/ 소망의 꿈을 피워나가는/ 이름 모를 풀꽃'이었다. 그래서 하얀 그리움을 피워가는 풀꽃처럼 존재감을 드러내지 않는 시인이었다.

 침묵은 손으로 만질 수 있거나 눈으로 볼 수 있거나 들리는 소리가 아니다. 그러나 봄이 되면 벚꽃가지가 꽃잎을 풀어내듯이 침묵의 세상은 무궁한 꿈과 은총을 품고 있다.

 그의 시는 침묵의 터널을 지나온 수다다. 막스 피카르트는 "침묵으로 숙성되지 않은 언어는 시끄러운 소음일 뿐"이라고 했다. 그러니까 그의 동시는 잘 정제된 아름다운 노래다. 가장 멋진 풀꽃의 노래이며, 고향의 언어다.

그는 오늘도 '작은 별'로 떠 있거나, '알아주지 않는 꽃'으로 피어 있을 게다. 존재감을 드러내지 않아도 그의 침묵은 빛나는 수다로 풀어놓는다.

그의 동시는 침묵에서 떨어져 나온 동심의 수다다.

끝으로 그의 수다 한 편을 듣는다. 그의 수다도 하늘 가득 담은 호수에 살며, '종이학'처럼 푸른 하늘을 날고 있다.

> 곱디고운 마음들이
> 학을 접어요
> 꿈을 날려요
>
> 한 개 한 개
> 몸매를 접고
> 날개를 접고
> 날개 위에 희망을 싣고……
>
> 얼마나 많은 사랑을 쏟아
> 저 수많은 사랑의 꿈을 접었던가!
>
> 가슴에 젖는
> 하이얀 꿈
> 그리운 정
>
> 아이들아!
> 네 꿈을 날개에 싣고

하늘 가득 담은 호수에 살며
푸른 하늘 힘차게 나는
새가 되어다오.

-「종이학」전문

(2024. 04)

연꽃 세상을 꿈꾸는 영원한 소녀
- 곽종분의 작품세계

1.

바람 불면 아장아장 아기연꽃은
초록빛깔 양산 쓰고 춤을 추어요.
우리스님 저를 봐요 자랑 할래요
진흙 속에 꽃을 피운 연꽃이래요.
아기연꽃 방글방글 자랑한대요.

해님달님 보시면은 부끄러워서
아기연꽃 꽁봉오리 들고 있어요.
연못가에 부처님 저를 보셔요
진흙 속에 꽃을 피운 연꽃이래요.
아기연꽃 생글생글 웃고 있어요.

- 곽종분 유아동요 「아기 연꽃」 전문

2023년 봄이었다. 곽종분(1933~2024) 선생의 근황이 궁금해서 전화를 올렸다. 소통이 되지 않았다. 전화가 안 되니 불안해진다. 한국불교청소년진흥회 곽영석 사무총장에게 전화를 올렸다. 얼마 전까지 유아동요와 불교동요를 작사하면서 그 회원으로 활동한 사실을 알고 있기 때문이다. 그의 차녀(강희도) 연락처를 보내주었다.

그에게 전화를 올렸다.

"건강한 편이지만 불편한 곳이 많아 거의 활동을 못하신다."
고 한다.

1933년 부산 동래에서 태어나, 동래여고와 방송통신대학을 졸업했다, 1964년 초등학교 교사 채용고사에 합격하여 초등교사로 재임했고, 1998년 퇴임했다. 2024년 10월 12일 영면했다.

문단 경력은 1984년『아동문학 평론』여름호에 동화「은행잎 하나」가 추천되면서 등단했고, 동화집으로『별의 뺨』(1989, 소문출판사),『눈꽃이 피는 날』(1993, 소문출판사),『그림으로 잡은 고래』(1995, 명성출판사) 그리고『눈사람과 인형(2011, 아동문예) 등을 상재했다. 전자책으로 불교동화집『부처님의 일기장』(2014, 고글), 창작동화집『은행잎에 쓴 편지』(2014, 고글) 그리고 구연동화집『벌 받는 사자』(2014, 고글) 등이 있다.

아동문학은 산문(동화)과 운문(동시)을 모두 수용하는 횡적 문학이어서 동시와 동화를 넘나드는 작가들이 많은 편이다. 그는 동시를 쓰는 동화작가다. 첫동시집『양지꽃 피는 언덕』(1986, 글숲)은 첫 동화집보다 앞서 출간했으니 동시에 대한 애정도 남달랐다. 동시집으로『메아리 편지』(1988, 글숲),『싱가포르 아기 새』(1995, 아동문예) 그리고 동요작사집『노래 항아리』(2014, 고글) 등이 있다.

동화는 2018년 부산아동문학인협회 연간집『사거리 팬시점』에 동화「아기 배 엄마 배」를 상재한 후 찾아볼 수 없다. 그럴 이유가 있다. 곽영석 총장이 협회 까페에 올린 글(2015. 12. 26)이다.

부산에서 활동 중인 원로아동문학가 곽종분선생이 11월 대장수

술과 12월초 안과 수술 등 근 한 달 간 부산대병원에서 입원하며 수술을 마치고 자택에서 요양 중이다. 최근에야 집밖을 오갈 정도로 회복되었다고. (중략) 건강이 회복되면 호흡이 긴 동화를 쓰실 수 있을 것 같다고. 최근 동요동시에 집착하신 것이 안과적 장애 때문임을 이제야 알았으니-

원로들 달달 볶아 글 쓰게 하는 내 취미도 이제 새해부터는 삼가야지. 모시고 사는 딸들이 나를 원수로 알고 있다. 늙은 어미 죽일까 봐서-

2015년에 백내장과 대장 수술을 받았다. 몸이 쇠약해지면서 끈기 있게 긴 글을 쓰는 행동은 무리였을 게다. 그래서 동요 작사에 더 애착을 보였다. 한국불교청소년진흥회의 찬불가(불교 동요 및 불교 가곡) 보급 등에 관여하면서 불교도인 그의 정서를 한층 자극시켰으리라.

수상 경력도 꽤 있다. 제12회 부산아동문학상(1990), 제10회 불교아동문학상(1994), 제17회 부산문학상 본상(2011), 황진이문학상과 제8회 불교청소년도서 저작상(2013) 등을 수상했다.

'영원한 소녀'라는 애칭은 정말 잘 어울린다. 목소리도 크지 않고, 늘 웃음을 띠고 소녀처럼 분위기에 잘 어울리기 때문이다.

2.

동화는 성장하는 아동들에게 현실적 시련을 슬기롭게 극복하는 예술적 승화작용에 그 가치를 두어야 한다.

그는 동화집 『은행잎에 쓴 편지』 '책머리에' '대부분 학교에서 아이들을 가르치며 얻은 소재'라고 했고, '작품 모두가 사랑이 주제입니다. 친구와의 사랑, 작은 동물을 보살피는 사랑, 가족 간의 사랑! 그런 사랑 속에서 우리 아이들이 사랑을 듬뿍 받고 있다는 생각이 들 수 있는 정감 있는 글'이 되도록 했다고 했다. 그러니까 교단 체험을 바탕으로 하여 사랑이란 주제를 실현하기 위해 쓴 동화라고 할 수 있다.

이에 실린 단편동화 16편은 제1부 '할머니의 어머니'와 제2부 '아름다운 꿈'에 나뉘어 실려 있다. 그러나 생활동화는 보이지 않는다. 대다수가 우의적寓意的 표현에 의존하고 있다. 우의적이란 의인화하여 비유하거나 풍자하는 표현이다. 그나마 「할머니의 어린 시절」은 작가의 어릴 때 체험을 바탕으로 한 에피소드다. 화장실에서 용변을 보고 뒤처리하기 위해 짚이나 돌멩이를 사용했다는 등 할머니의 처절하게 가난했던 어릴 때의 생활 단면을 이야기로 들려주는 형식이다.

생활동화는 소년소설이다. 그래서 동화와 차이를 보인다. 동화의 발상은 생활감정보다 전설이나 신화처럼 물활론적 태도에 의존한다. 배경도 현실 세계보다 환상의 세계다. 우의적 환상에 의해 서술한 동화는 15편이다.

작가가 작품을 통해 말하고 싶은 것이 주제다. 이에는 작가의 가치관이나 세계관, 삶의 방향이 들어 있다. 큰 주제가 순수 동심의 구현과 사랑이라면, 작품마다 가지는 소주제를 중심으로 그의 동화 세계의 부분이라도 접근해본다.

환경문제를 다룬 동화는 「실러의 아기들」과 「유채꽃의 약속」 등이다. 경제문제는 먹고 사는 문제지만, 환경문제는 죽고 사는 문제이기 때문에 작가들도 소홀하게 할 수 없는 소재다. 지구온도가 2도만 상승해도 그린란드의 얼음이 녹아서 평균 해수면이 0.7m까지 상승하고, 유럽의 날씨가 중동처럼 변하면서 폭서 현상이 생겨 수십만 명의 사상자가 발생할 뿐 아니라, 산불의 위험도 커질 것으로 경고하고 있다. 점점 그 징조들이 나타나고 있어 안타깝다.

「실러의 아기들」은 눈이 셋 달린 강아지를 출산하면서 생기는 이야기다. 의사인 아빠가 수술해 줄 것이라고 자위하지만, 한때 환경호르몬 문제가 사회를 떠들썩하게 한 적이 있다. 환경호르몬은 생물체(동물이나 사람) 내에 들어가서 마치 호르몬처럼 작용하여, 체내의 내분비계의 정상적인 기능을 방해하거나 혼란시킨다. 이것이 남자를 여자로 바꾸기도 한다고 했고, 기형아 출생의 원인이라고 했다. 세제도 그것을 배출한다고 해서 세제 사용줄이기 캠페인을 벌이기도 했다. 「유채꽃의 약속」은 유채꽃밭에 소풍온 아이들이 꽃밭을 훼손시킨 바람에 이듬해 꽃을 피우지 못하게 하는 원인이라는 것을 주지시킨다.

동물에 대한 사랑은 대단하다. 요즘에는 애완동물을 기르는 가구가 천만을 넘었다고 한다. 산책로에 애완동물을 데리고 나오거나, 유모차에 태우고 가는 사람도 만난다. 이와 더불어 애완동물 용품 쇼핑몰이나 관련 산업도 성업 중이다. 이런 시대가 올 거라는 예감이라도 한 것은 아닌가. 강아지를 소재로 한 동화는 「편지 읽는 삽살이」 「인철이와 몬순이 이야기」 「강아지와 함께 공부한 날」과 「방울이네 집」 등이다. 「강아지와 공부한 날」은 첫 시간 공부가 시작될 때 교실에 들어온 강아지를 오전 수업 내내 아이들이 돌보아주면서, 강아지와 겪는 이야기다. 강아지를 다독여주는 마음이 한결같이 맑고 예쁜 아이들이었다.

추억이나 그리움은 소중하다는 것이다. 「할머니의 어머니」는 날마다 옥상 장독에 날아오는 산새를 보고, '어머니!'라고 부른다. 마치 영혼의 새인 양 여기는 할머니의 모습에 잠시 혼란을 겪는다. 이를 걱정했지만, 선생님의 얘기를 털어놓으면서 자신의 마음도 풀리고, 할머니의 마음도 이해한다.

국제화 시대에 걸맞게 글로벌 소재를 보여주는 동화는 「엑스포가 열리는 날」, 「은행잎에 쓴 편지」와 「꽃들과 약속한 후리」 등이다. 「엑스포가 열리는 날」은 엑스포가 열리면서 이에 참가하는 외국인들에게 자기의 집을 민박으로 제공하는 이야기고, 「은행잎에 쓴 편지」는 외국에 노동자로 나가있는 아빠를 은행잎에 편지를 쓰면서 그리워한다. 「꽃들과 약속한 후리」는 광우병을 앓고 있는 남친 에라드를 위해 의사가 되어 그를 치료하겠다는 강한 의지를 보여주는 동화다. 등장하는 인물도 문화가 발달된 나라의 사람이고, 장소도 마찬가지여서 독특한 재미를 준다.

꿈과 그것을 지키기 위한 노력은 소중하다는 것이다. 「지푸라기 할아버지의 꿈」은 이색적인 소재를 가지고 있다. 지푸라기 할아버지는 갈 곳 없는 걸인이다. 그러나 그는 재산이 없는 것도 아니다. 오직 자기의 재산을 낭비하지 않기 위해 걸인이 되었을 뿐이다. 그 재산은 한국의 어린이 축구 발전에 쓸 거라는 꿈 때문이었다. 축구 선수의 꿈을 가진 현구를 만나면서 그 학교 축구부에 전 재산을 기부한다.

3.

　동시집 『싱가포르 아기새』를 읽는다. 머리말에 '그동안 동화와 동시를 통해 여러분과 이야기를 많이 했어요. 어린이 여러분의 마음을 누구보다도 잘 헤아릴 줄 압니다. 어린이 여러분! 짜증스런 일이 생겼을 땐 책과 이야기해 보세요. 책을 많이 읽고 꿈을 가져 봅시다. 꿈은 무한한 가능성을 열게 해 주는 상상의 공간입니다.'라고 하면서, '여러분의 마음 밭에 심을 고운 씨앗을 고르기 위해서 시인은 밤을 세워 시를 쓴다'고 했다.

　이 동시집에 실린 동시의 분량은 자그마치 75편이다. 15편씩 5부로 나누어 실었다. 제1부「싱가포르 아기새」는 동남아 여행을 하면서 체험한 동시다. 제2부「시인의 씨앗」은 꿈의 씨앗을 심기 위한 시인의 노력과 마음을 담았다. 시인의 머릿속엔 꿈의 씨앗이 들어 있다. 그 씨앗은 계절을 가리지 않고 아이들의 마음속에 심어주는데, 중요한 것은 아이들의 마음속에 심어줄 그 씨앗을 고르기 위해 시인은 밤을 새우기도 한다는 것이다. 시인의 사명감이 어떤 것인지 느끼게 한다.

　　시인의
　　머릿속엔
　　꿈의 씨앗이 들어 있다.

　　봄
　　여름
　　가을
　　겨울

철을 가리지 않고

아이들의 마음속에
꿈의 씨앗을 심는다.

아이들에게
심어 줄
꿈의 씨앗을 고르기 위해
꼬박 밤을 새우기도 한다.

- 「시인의 씨앗」 전문

 제3부는 「아가와 봄」이다. 아기 손주를 보면서 얻은 영감들이다. 아기는 '아기만 아는 시를'(「아가와 봄」)를 쓴다고 했고, '아기의 울음은/ 방울'(「아기」)이라고 하면서 달빛도 흔들고 있다고 했다. 그리고 '아이들은 온통/ 봄을 끌어당기'(「봄의 배달부」)는 배달부라고도 했다. 제4부는 「가을 달빛」이다. 계절의 정취와 가을에 느끼는 쓸쓸한 감정과 부모님에 대한 그리움을 묘사했다. 「산」은 '마음을 비우고/ 가슴을 열고/ 기다리는' 것이 어머니의 기다림이었다. 그리고 깊어가는 산 색깔도 '어머니의/ 깊은 정'이었다.

산이
조용히
누워 있다.

하늘은
이불인가

정을

더해주는데

연둣빛
산은
어머니의
깊은 정

마음을 비우고
가슴을 열고
기다리는 산

- 「산」 전문

제5부는 「스님 마음」이다. 불교적 색채를 깊이 담아 놓았다. 호박꽃이 법당에 촛불을 켜면 나비들이 찾아와 세속의 탐욕들을 날려 보낸다고 한다. 「관룡사 가는 길」은 '내 마음도/ 신선이 된 듯/ 새로운 세상'을 만나러 가고 있었다. 「수덕사」는 '가슴에 가득찼던/ 욕망과 미움과 허망/ 모두 떠나' 보내는 곳이었다. 내가 불민하여 그의 불교적 가치관을 더 소상하게 서술하지 못해 안타깝다.

절간
담장
호박꽃

법당에
촛불을 켜면

나비도
찾아와

온 세상 가득한
근심 욕심을

날개로 훨훨
날려 보낸다.

-「부처님 앞」 전문

4.

　아동문학가들 중에는 동시를 쓰는 동화작가와 동화를 쓰는 동시인이 많다. 산문과 운문을 모두 아우르는 문학이기 때문에, 장르의 교류도 자연스레 일어나고 있다.
　곽종분은 동화작가다. 그러나 동시를 즐겨 발표하여 여러 권의 동시집도 발간했다. 동화는 인내와 끈기를 요하는 산문문학이다. 그러나 살아가면서 운문으로 처리하고 싶은 경우도 있고, 긴 글을 쓸 수 없게 하는 건강 환경이 만들어질 수도 있다. 최근에는 불교유아동요를 작사하면서 불교문인단체에서 활동하기도 했다.
　그의 동화는 아기자기한 정감을 불러일으키는 수사력을 발휘하진 않았다. 그러나 문학적 상상력과 우의적 재미를 느낄 수 있고, 은근한 사랑의 속내를 읽을 수 있다. 할머니만의 특별한 정서세계를 보여줌으로써 할머니에 대한 인식과 경로정신을 새롭게 하는 계기도 되었으리라.
　그의 동시는 그의 시적 체험에 의존했기 때문에 아이들의 정서보다 동심을 담아낸 서정시였다. 사랑을 주제로 하면서도 외로움, 그리움, 교훈이나 종교적 가치 등을 중요시했다.

어쩌면 살아오면서 맞닥뜨린 감정의 응어리를 외부로 드러냄으로써 정신의 안정을 찾아낸 것은 아니었을까? 어쩌면 문학은 그에게는 카타르시스 역할을 했으리라. 젊어서(30대 초반)부터 두 딸과 함께 살아온 세월의 무게가 결코 가볍지 않았으리라.

그는 연꽃 세상을 꿈꾸는 영원한 소녀다. 진흙 속에 꽃을 피운 연꽃이 방글방글 웃듯이, 이기주의나 물질만능화의 세속적 가치로부터 초연할 수 있는, 그의 소망이 온 누리에 연꽃처럼 피어났으면 좋겠다.

(2024년 10월)

오, 박지현 선생!

전화가 울린다.『문학도시』편집실이다.
"박지현 선생이 돌아가셨다는데 참말입니까?"
"아닙니다. 치매가 심하다던데요."
"아, 예."
이런 전화를 받고 보니, 그를 잊고 있었다는 생각이 들었다.
2023년 4월 23일.
강현호 선생이 카톡을 보냈다. 박지현 선생 병문안을 하면서 찍은 동영상이었다.
"내가 누고?"
물어도 메아리도 없다. 말하기도 귀찮은지 자꾸 눈을 감는다. 기억을 돌이키려고 애를 썼지만 사람도 알아보지 못했다. 의자에 묶여있는 저 모습은 무엇인가? 한국에서 서정 동시를 가장 잘 구가하던 시인의 말로가 저런 모습인가. 어서 나아서 소풍가자고 재촉했지만 반응이 없다.
2019년 10월 17일 부산아동문학인협회 가을 야유회가 있었다. 장소는 하동 일원. 드라마『토지』촬영지 '최참판댁'과 '박경리문학관'을 관람하고 나오면서 식당에 들렀다. 재첩국 식사와 막걸리가 기다리고 있었다.

그날, 좀 이상하다는 생각이 들었다. 마루 위에서 식사를 하고 내려오는데, 몸이 유연하지 못했고, 정상 걸음이 아니었다. 여선생들이 부축을 해서 내려오는데, 어쩌면 파킨슨병 환자처럼 느껴졌다.

"박선생이 이상해졌다."

소곤거리기도 했지만, 약주 탓이거니 생각했다.

12월(2022년) 어느 날, 합천으로 이주한 소민호 선생 댁에 방문하기로 했다. 몇 번이나 계획을 세웠지만, 같이 모여서 가는 일이 쉽지 않다. 박지현, 강현호, 이상문, 조명제 그리고 박일 등. 공재동 선생은 창녕에서 오기로 했고.

조명제 선생이 자기 승용차로 모셔주었다. 그는 밤중에 일이 있다며 가버렸다. 그날 밤늦게까지 부어라 마셔라 했다. 박선생은 워낙 약주를 좋아하니까 좀 거나하다 싶기도 했다. 그렇다고 주사를 부리거나 술주정을 부리는 일은 없으니까 어울려 주었다.

한밤중이었다.

"쿵-"

소리에 잠을 깼다.

화장실에서 나오다 그대로 자빠져버린 것이었다. 이 정도로 심하게 넘어졌으면 갈비뼈 몇 개는 나갔을 거라는 생각이 들었다.

아침 식사도 제대로 못하고 박선생을 모시고 나왔다. 시외버스를 탔다. 신음소리가 애닯기까지 했다.

아들과 통화를 했다. 사연을 얘기했고, 동래역에서 인계를 했다. 사모님도 몇 년 전에 돌아가셨으니 아들이 보호자였다. 엑스레이 촬영 결과 갈비뼈 두 개에 금이 간 정도인데 치료받으면 금방 낫는다고 했다. 다행이다 싶었다. 합천까지 가서 생고생을 가지고 왔다고 생각하니, 그 책임이 우리에게도 없지는 않으니까.

얼마 후였다. 요양병원으로 옮겼다고 했다. 코로나19 펜데믹 선언 직전이었다. 해운대 센텀 지역에 있는 요양병원이라기에 남 먼저 문안을 드리고 싶었다. 동화작가 최경희 선생이 동참하겠다고 했다. 열심히 걸으려고 하는데 보폭이 좁고 이상한 걸음짓을 하고 있었다.

"건강하게 다시 만나야 합니다."

병원을 나오는데 이게 마지막은 아닐까 하는 생각이 드는 것이었다. 사모님도 안 계시니까 보살펴 줄 이도 없고, 더구나 재산까지도 자식들에게 모두 분배를 했다고 하니 그 빈손을 누가 거들어줄까?

문학 모임 때마다 들려주는 그의 풀피리 소리가 따라오는 것 같았다. 그의 문학 행적을 더듬어본다.

2008년은 신체시 「해에게서 소년에게」가 발표된 지 100년이 되는 해다. 일반문학에서는 '신시 100년'의 표어를 내걸고 다양한 문학 행사를 치르기도 했다. 육당 최남선이 발행했던 잡지 '소년'이 청소년 계도가 목적이었다면, 이에 실린 「해에게서 소년에게」도 마땅히 동시적 요소가 강할 수밖에 없다. 그렇다면 '동시 100년'이 옳다고 봐야 한다.

『오늘의 동시문학』이 이를 기념하면서 기획특집을 마련했다. 첫 번째는 '한국 동시 100년을 조명한다'였고, 다른 하나는 '한국 동시 100년에 빛나는 100편의 동시'를 선정하였다. 동시인들과 문학평론가들의 설문조사 결과 선정되었다. 부산의 동시인 중 선정된 동시인과 작품은 다음과 같다. 최계락의 「꽃씨」, 공재동의 「별」, 박지현의 「슬픈 어느 날」, 김종순의 「사과」, 이상문의 「나무와 새」 그리고 박일의 「해와 꽃」 등 6편이다.

    울음을 참으려고
    애를 썼지만

    별님이
    먼저 알고
    눈물이 글썽.

    슬픔을 잊으려고
    애를 썼지만

    달님이
    먼저 알고
    수심이 가득.

                          - 「슬픈 어느 날」 전문

  울음을 참으려고 애를 써도 참지 못할 정도로 슬픈 날이 있다. 하늘을 바라보며 마음을 달래고 싶었을 것이다. 하지만 슬플 땐 어떤 위로가 필요하겠는가. 초롱초롱 빛나는 별도, 환한 빛을 내뿜는 달도 수심이 가득한데…. 해가 지는 걸 마흔세 번이나 보았다는 어린 왕자의 쓸쓸한 눈망울처럼 슬픔을 거부하지 않고 수용하는 자세가 아름답다. 그의 동시가 빛을 발하는 것은 이 때문이리라.

  박지현은 1974년에 등단했다. 계간 『어린이 문예』(2000, 겨울호)에 '나의 등단 시절 이야기'에 소상히 기록하고 있다. 당시 『부산아동문학』 제2집에 「묘포장」, 「무지개 다리」 그리고 「채소밭」이 실리면서 동시인의 길로 들어선다. 그러나 이 잡지가 지방지였고, 전국적으로 어떤 영향력이 있는 것은 아니었지만, 아동문단이 그를 맞이한 것은 그의 문학적 역량 때문이었다. 맑고 고운 심성으로 동시를 빚는 수준이 예사롭지 않았었다. 혜성 같이 등장하지는 않았지만 그의 동참을 환영했다.

내가 동시 강좌, 문학 세미나 등에서 자주 인용하는 동시가 있다. 「노랑나비」다. 형상화의 참신성과 동시의 결이 맑고 곱게 느껴지기 때문이다. 이 한 편으로도 그의 동시 세계가 얼마나 맑고 깨끗한지 가늠할 수 있다.

고 조그마한 노랑나비가
그 큰 봄을 데리고 왔네요.

눈 녹아 쫄쫄쫄
실개천으로

아롱아롱 아지랑이
산등성으로

고 조그마한 날개짓으로
그 많은 봄바람을 몰고 왔네요.

한들한들 실버들
가지 사이로
살랑살랑
연초록 보리밭 이랑 사이로

— 「노랑나비」 전문

노랑나비가 큰 봄을, 그 작은 날개가 많은 봄바람을 몰고 왔다고 한다. 표현도 봄바람처럼 나긋나긋하지만 힘과 질서가 느껴진다. 그의 동시는 이처럼 순박하면서 조금의 잡티도 용납하지 않는다. 그의 삶도 이와 흡사하리라. 그것은 동시집 저자 소개란에 '1943년 부산에서 태어나 줄곧 서동 그 집 그 터에서 지금까지 살고 있다.'라는 걸 즐겨 적는 것만 봐도 알 수 있다. 시류나 세태의 변화에도 흔들리지 않고 살아왔다는 걸 보여준다.

누가
말끔히 닦아 놓았을까

파랗게
더욱 파랗게
하늘을

누가
깨끗이 씻어 놓았을까

푸르게
더욱 푸르게
산바람을

누가 틔워 놓았을까
목소리를

아름답게
더욱 아름답게
산새 노랫소리를.

-「밤새 온 비」전문

그가 좋아하는 시어는 '푸름'이다. 푸름도 그냥 푸름이 아니다. 밤새 온 비에 씻긴 푸름이다. 그래서 푸르게 살고 싶다. 그 푸름처럼 아름답게 살고 싶다. 밤새 온 비가 틔워놓은 산새 목소리처럼 아름답게 살고 싶다. 표현 방식도 격하거나 모나지 않는다. 부드러운 그의 성품이 곳곳에 배어 있다.

「양파의 발언」에서는 그의 결백이 여실히 드러난다.

    아무리
    벗겨도
    벗겨도

    저는
    결백합니다.
                                   -「양파의 발언」전문

양파의 껍질을 벗긴다. 벗길수록 하얗다. 결백과 동심! 그게 그의 본성이었다.

그는 눈물도 많다. 그리움의 눈물들이다. 수도꼭지에서 똑똑똑 흐르는 물방울도 눈물이 된다. 풀빛 노래와 더불어 그의 노래의 주된 소재는 그리움이다. 그의 동시가 맑고 투명한 빛을 발하는 이유는 표현의 유연성도 있지만, 소재가 동심의 가장 맑은 세계에 닿아 있기 때문이다.

    덜 잠긴 수도꼭지에서
    똑
    똑

똑
눈물을 흘립니다.

멀리
내가 태어난
그 산 속 샘

자꾸만
자꾸만
그립기 때문입니다.

-「어느 부엌의 수돗물」 전문

  동시집은 『햇병아리 산비둘기』(1979), 『풀잎 노래』(1987), 『거울 앞에서』(1992), 『남의 이름표를 달고 있는 전봇대』(1999, 아동문예), 『아이들이 떠난 교실 안 풍경』(2010, 해성)과 『내 짝지 순이』(2017, 해성) 등이 있다.

  수상은 부산아동문학상(1982), 한국아동문학상(1993), 부산문학상(2002), 이주홍문학상(2012) 등이다. 그리고 부산아동문학인협회장, 부산문인협회 부회장, 한국동시문학회 부회장, 금정문인협회장 등을 역임했다.

  제5동시집 『아이들이 떠난 교실 안 풍경』이 발간되고, '국제신문'(2010. 8.31)은 이 동시집과 더불어 그의 삶과 문단 이력을 비교적 소상히 밝혀주는 기사를 실었다.

  '박지현 동시인은 부산 문단에서 "풀피리의 동시인"으로 널리 알려져 있다. 그는 언제나 지갑 안에 풀피리를 넣고 다닌다. (중략) 문학 행사가 있거나 좌중에 흥이 돌 때, 그는 풀피리를 꺼내 멋지게 연주를 하고 분위기를 한껏 올려놓는다. "중학교 졸업할 즈음에 짝지가 풀피리 부는 것이 멋져 보여서 배웠는데, 실제 내 연주곡은 세 곡 정도밖에 되지 않습니다. 그래도 사람들이 좋아해 줄 땐 연주하는 것이 참 즐겁지요." 그의 문단 이력은 그의 풀피리만큼이나 오래되었다. 1974년 부산아동문학 2집으로 작품활동을 시작했으니 등단한 지 36년이 넘었다. 그가 아동문학인으로 활동을 시작했을 때만 해도 부산 문단에 아동문학인은 정진채, 주성호, 선용 씨 등이 활동하고 있었고, 그 숫자는 많지 않았다. (중략) 18세 때 모교인 금사초등학교에서 사환 생활을 시작했다가 군에 갔다 온 뒤 회사에 다니며 우연찮게 동시인의 길에 들어선 그는 천진난만하고 맑은 시세계를 가진 동시인이라는 평을 받고 있다. (중략)'라고.

세련되지는 못해도, 즐겨 부르며 분위기를 띄워준 풀잎피리! 동심을 노래하면서 행복했던 그 순간들과 시편들! 여린 손, 맑은 눈빛 그리고 투박하고 정감 어린 말투를 만날 수 없다니 가슴이 먹먹해진다.

오, 박지현 선생!

(『문화와 문학타임』 2023. 가을)

진주교대 초창기의 문학 활동
- '두류문학회'를 중심으로

1.

진주교대는 진주사범의 후신입니다. 선배들이 뿌려놓은 문학의 업적들이 훌륭했기에 그 정신과 기상이 후배들에게 그대로 계승되었으리라 믿습니다.

입학할 때가 1965년(제3기)입니다. 개교 3년 차였지만 고등학교 과정의 연장이었습니다. 말로는 지성인이라고 하면서 머리 큰 고등학생이었습니다. 학점 신청도 하지 않았고, 강의실 이동도 없었습니다. 오히려 이런 학습을 했기 때문에 동기들의 응집력은 더 강해졌는지 모릅니다.

2.

입학하니까 '두류문학회'가 있었습니다. 지도교수는 김영실 교수였습니다. 문예부실이 있어 수시로 드나들며 문학 이야기를 나누며 문학가의 꿈을 키워나갔습니다. 제2기 선배 중에 기억나는 분은 손광세, 심창보, 김용근 등이었습니다. 우리 동기(제3기)는 최명효(작고), 강무련, 조평규, 신충행(재학 중 입대, 6기 졸업), 김형규, 장덕영 그리고 박일 등이었습니다. 제4기에는 오준형 등이 함께 활동을 했습니다.

주요 활동은 '두류문학회보'의 발간이었습니다. 그 당시는 컴퓨터가 없었고, 인쇄 기술도 발달하지 못했던 시기였기에 발간하는 일이 여간 어려운 일이 아니었습니다. 연 2회간이었지만 열정만으로 이 업무를 수행하기도 했습니다. 강의 시간 중에도 줄판 위에 원지를 놓고 철필로 긁어대기도 했으니까요. 그래도 등사판에서 회보가 찍혀 나올 때의 기쁨은 지금까지 잔잔하게 밀물져오곤 합니다. 그것이 우리들의 확실한 발표의 장이었습니다. 학보사의 친구(유익제, 박호갑 등)들이 학보에 우리의 작품을 자주 실어준 것도 힘이었습니다.

또한 시화전을 개최하는 일이었습니다. 10월에 열리는 두류축제에 우리들의 공간을 확보하여 시화전도 곁들였습니다.

그리고 지역 문화제 백일장에 참여하면서 문학의 실력을 키워나가는 것이었습니다. 당시에 진주와 그 주변 도시에 열린 축전을 보면, 진주의 개천예술제, 진해의 진해군항제, 통영의 한산대첩제 그리고 사천(삼천포)의 한려문화제 등이었습니다.

최명효는 진해군항제, 한산대첩제 등에서 입상했고, 박일은 개천예술제, 진해군항제 등에서 입상했습니다.

제16회 개천예술제 백일장 입상작(차하)은 다음과 같습니다.

너는
꽃을 피워놓고
때론
신비로운 형상을 만들고
세상을 송두리째
꿈으로 안고 가던 향그로운 작업과 같은 것

지금
너에게 필요한 것은
그것을 유지하는 질서가 아니다.

하늘을 수놓고
밤의 고요 속에서
뒤틀리며
뒤틀리며 피어있는
이름 없는 꽃

그 앞에서 문득
폭음과 같은
소리를 들으면
꽃은 핀다.

나의 心身의 어느 한 곳에서도
불꽃의 형상이
아름다이 움직이고 있지만
나의 불꽃은 분명치 않다.

그 이름들이……

- 박일 「불꽃」 전문

또한 가장 큰 업적은 교지 『두류』의 창간(1966년 11월 5일)이었습니다. 창간호는 김영실 교수의 지도 아래 3기생(조헌국, 최명효, 우영이, 임영옥, 이증영 그리고 박일)이 편집의 주축이 되었습니다. 박해권 학장의 권두사, 이윤근 교육감의 축간사, 이서호 동창회장의 격려사 그리고 김부기 학생회장의 창간사에 이어 교수 및 학생의 논문, 시, 수필, 창작 등을 실었습니다.

3.

진주교대 초창기(60년대)에 두류문학회에서 활동했던 문학가의 면모를 살펴보겠습니다.

손광세(1945~2017. 교2)는 1972년 『현대시학』에 시 천료, 1978년 『아동문예』와 『아동문학평론』에 동시가 추천된 후 1986년 ≪동아일보≫ 신춘문예 동시부문에 당선되어 문학가로서의 입지를 분명히 합니다. 시와 시조로도 등단하여 중견 문인으로 활동했습니다. 시집 『물안개 속에서』 『이 고운 나절을』 등이 있고, 동시집 『이태리포플러 숲길을 걸으면』 등이 있으며, 한국아동문학상, 방정환문학상 등을 수상하기도 했습니다.

심창보(교2)는 고등학교 국어교사로 재임하다 퇴임했습니다.

김용근(교2)은 1983년 ≪대구매일신문≫ 신춘문예와 『아동문평론』에 동시가 당선되어 화려하게 등단했습니다. 동시집 『분이네 빈집』 『개망초꽃 피는 고향』 『꼭 고만큼』 등이 있으며 초등학교장을 지내다 퇴임했습니다.

최명효(교3)는 초등학교 교사시절에 건강이 좋지 않아 작고했습니다.

강무련(교3)은 부산에 살고 있으면서 문학에 대한 향수를 키우고 있습니다.

조평규(교3)는 1976년『월간문학』신인상에 동화「돌무덤」이 당선되어 등단했고, 이미 새교실문예대상에 동화「육손이」가 당선되어 화제가 되었습니다. 창작동화집『산울림』『서서 자는 말』등이 있고, 동시집『아름다운 세상』등이 있습니다. 한국아동문학상, 한국불교문학상, 경상남도 문화상(문학 부문) 등을 수상했습니다.

신충행(교6)은 1982년 ≪한국일보≫ 신춘문예 동화부문에「부처님 웃으시다」가 당선된 후, 1984년 계몽아동문학상 장편동화부문에 당선되었습니다. 동화집으로『바다로 간 꼴뚜기들』『수녀님의 아이들』『꿈꾸는 바람개비』등과 경남아동문학상, 남명문학상 등을 수상했습니다. 경기도 남양주에 거주하고 있습니다.

김형규(교3)는 초등학교장을 지낸 후 퇴임했습니다.

장덕영(교3)은 수필과 소설을 썼었는데, 2006년『시와 수필』에 수필이 당선되었고, 2017년『한국소설』신인상에 소설이 당선됐습니다. 소설집『오리 궁둥이의 춤』이 있으며, 부산에서 중등학교 국어교사로 재임하다가 교장으로 퇴임했습니다.

박일(교3)은 1979년『아동문예』에 동시가 추천되었고, 계몽아동문학상 동시부문에 당선되었습니다. 1998년『교단문학』수필신인상에 당선되었으며, 동시집『주름살 웃음』외, 산문집『이야기 동학』등, 평론집『동심의 풍경』등이 있습니다. 한국아동문학상, 부산문학상, 부산광역시 문화상(문학 부문) 등을 수상했습니다. 고등학교 교사로 퇴임한 후 '아름다운 동시교실'을 운영하면서 후진을 양성하고 있습니다.

오준형(교4)은 부산에서 초등학교 교사로 재임하다가 퇴임했습니다.

그 당시(60년대) 진주교대에 수학했던 동문 중에서 등단하여 지명도가 있는 몇 분을 덧붙입니다.

이덕길(교1)은 2005년『시와 수필』에 수필로 등단한 후 수필집『금정산 메아리』『호박 이야기』등을 상재했습니다.

김찬재(교2)는 2008년『시와 수필』에 시로 등단하여 시집『바람 가두리』『주름살』『자화상』시조집『멋진 한글 라온 꿈에 젖어』등을 발간했습니다.

김태두(교3)는 1989년 경남신문 신춘문예에 동화「점순이와 아람이」가 당선되어, 동화집『분단장 영남이』『붕붕이의 신비한 하루』등이 있으며, 동시집『노래하자 훌륭한 사람들』을 상재했습니다. 영남아동문학상, 경상남도 문화상(문학 부문) 등을 수상했습니다.

이숙례(교3)는 1992년『시조문학』을 통하여 등단했으며, 시조집『달 아래 관음』『사랑법 별 하나』등이 있고, 부산문학상, 한국시조시인협회상 등을 수상했습니다. 문학박사이며 문학평론가이기도 합니다. 부산불교문인회장을 지냈습니다.

송진현(교3)은 1995년 장편소설『돌개바람』을 시작으로,『현대시문학』에 시,『문예시대』에 수필이, 20220년『문학도시』에 소설이 당선되어 전천후문학가로 활동하고 있습니다. 소설집『가야로 가야 길이 보인다』외, 시집『바다를 걸어가는 바위섬』등이 있습니다. 인권문학상 등을 수상했습니다.

강민수(교3)는 1999년『시의 나라』를 통하여 등단했으며, 제11회 신라문학대상(시), 제3회 여수해양문학상(시) 등을 수상했습니다. 시집『달래꽃 노래』『방 속의 방』 등이 있습니다.

최보일(교3)은『시와 수필』과『고려문학』에 수필로 등단(2005년)하여 수필집『내 마음 깊은 곳에』『긴 여울 바람소리』 등을 상재했으며, 장로문학상, 고려문학상 등을 수상했습니다.

문철주(교3)는 문학박사이며 문학평론가인데, 평론집『한국 근대 역사소설 연구』 등이 있습니다.

고영문(교3)은 2007년『수필문학』에 수필로 등단했고, 수상집『감동을 찾아 떠나다』 등이 있습니다.

정채상(교3)은 2008년『에세이문예』에 수필로 등단하여, 수상집『배우며 가르치며』『물처럼 살리라』 등을 냈습니다.

박개동(교3)은 2013년『수필문학』에 수필로 등단했고, 수상집『살구꽃 피는 마을』 등을 상재했습니다.

이재형(교3)은 2016년『문장21』에 수필로 등단하여, 수필집『하고 싶었던 이야기』『밑도 끝도 없는 생각』 등을 상재했습니다. 부산수필가문학상을 수상했습니다.

이종영(교3)은 제23회 산림문화 작품공모 시부문 입상, 2023년『시사문학』시부문 신인상에 당선되었습니다.

윤갑석(교4)은 시조시인으로『바람의 언어』『바람의 노래』 등을 상재했습니다. 베트남 참전 국가유공자입니다.

서관호(교5)는 2002년『현대시조』에 시조가 당선되었고, 동시조집『꼴찌해도 좋은 날』 등, 시조집『저만치, 아직 저만치서』『물봉선 피는 마을』 등이 있습니다. 부산시조시인협회장을 지냈으며, 부산문학상, 한국해양문학상 등을 수상했습니다. 현재 계간지『어린이 시조나라』발행인으로 시조 보급과 확대를 위해 노력하고 있습니다.

하태무(교5)는 1983년『문예한국』에 수필,『시조월드』에 시조가 당선되었고, 수필집『언제나 시작』『빛 속으로』『나일의 선물』등이 있습니다. 체신부에서 공모한 동화「집배원과 호랑나비」가 당선되어 체신부장관상을 받았습니다.

윤인경(교5)은『조선문학』에 시로 등단했고, 시집『한 양푼 비운 마음엔 하늘이 와 들어 앉아』등이 있습니다.

박춘희(교6)는 1976년『소년중앙』에 동화가 최우수 당선되었고, 창작동화집『달맞이꽃』『가슴에 뜨는 달』등이 있으며, 에세이집『모난 돌』등이 있습니다. 한국아동문학상, 불교아동문학상 등을 수상했습니다.

정강혜(교6)는 1990년『시조문학』에 시조가, 2002년『한맥문학』에 시,『교단문학』에 수필이 추천되었습니다. 시조집『치자꽃 향기』가 있으며, '경남문학' 우수작품집상을 받았습니다.

김형진(교6)은 1983년『시조문학』으로 등단한 후, 시조집 '생활 속의 노래' 등, 동시조집 '옹달샘' 등을 상재했습니다. 경남에서 초등학교장으로 퇴임했습니다.

최외식(교6. 필명 최상일)은 1999년『아동문예』에 동화로 등단하고, 동화집『초코렛초꼬레이또』장편동화『돌이와 얼룩이』그리고 소설집『현해탄 저 편』등을 상재했습니다.

김복근(교7)은 1985년『시조문학』으로 등단했으며, 시조집『논개, 몸 속을 지나가다』『비상을 위하여』등이 있고, 동시집『손이 큰 아이』가 있습니다. 한국시조문학상, 경상남도 문화상(문학 부문) 등을 수상했으며, 거제교육장, 경남문협 회장 등을 역임했습니다.

정병화(교7)는 월간『문학시대』에 시와 수필이 천료되었으며, '풀빛' '윤슬' 문학회장을 맡고 있습니다. 동래교육장, 화명고 교장 등을 거쳤습니다.

이인숙(교7)은 2001년『시조생활』신인문학상에 당선되었습니다. 시조집『돌아오는 길』등이 있습니다.

김충효(교7)는 1999년『시조생활』지에 시조가 당선되었고, 시조집『텅 비어서 부끄럽구나』등이 있습니다.

강호인(교7)은 1985년『시조문학』, 1988년『시대문학』1989년『월간문학』에 시조가 당선되었고, 시조집『山 天齋에 신을 풀고』등이 있고, 남명문학상 신인상을 받았습니다.

김봉근(교7)은 1977년『현대시조』에 시조가 당선되었고, 시조집『돌아보지 않는 산』등이 있습니다. 현대시조좋은작품상을 수상했습니다.

정현대(교7)은 1992년『현대시조』에 시조가, 1983년에『아동문예』에 동시가 추천됐고, 시조집『山河여 나의 山河여』등을 상재했습니다. 현대시조문학상을 수상했습니다.

정현수(교7)는 1984년 ≪중앙일보≫ 신춘문예에 동화가 당선되었고, 동화집『장군의 딸』『빨간마음 초록마음』『한꽃당 이야기』등을 상재했습니다. 경남아동문학상, 진주예술인상 등을 수상했습니다.

4.

2023년은 진주교육대학교 개교 100주년을 맞이하는 해입니다. 1923년 경상남도 공립사범학교로 문을 열었습니다. 백주년 기념행사의 하나로 두류동문 문인작품집『불휘기픈 남ᄀᆞᆫ ᄇᆞᄅᆞ매 아니뮐씨』를 출간했습니다. 시는 박용호(사13) 외 14명, 시조는 김관기(사13) 외 27명, 동시는 최만조(사6) 외 10명, 수필은 김현식(사8) 외 14명, 동화·동극에는 박원돈(사13) 외 7명 그리고 소설은 송진현(교3) 외 2명 등 80명의 작품 134편을 실었습니다. 총동창회장 오인태(교19) 시인은 발간사에서 '단일 대학으로는 우리 대학 출신 문인의 숫자가 한두 손가락 안에 꼽힐 정도로 많은데다 중앙문단에서 창작 역량과 나름의 개성을 평가받고 인정받는 문인도 수두룩합니다'라고 했습니다.

교대는 초등학교 교사 양성기관입니다. 생활이 곧 문학이라면 아동문학가가 많을 수밖에 없습니다. 날마다 아동들과 생활하니까요. 그러나 무엇보다 진주사범이라는 그 정신의 올곧은 계승이었습니다. 지금도 진주교대 동창회를 열면 진주사범 선배들이 참석해서 끈끈한 선후배의 정을 나눕니다. 타 교대 동창회에서는 볼 수 없는 풍경입니다.

문학도 훌륭한 선배들이 있었기에 그들을 배우며 그 기상을 키워 나갔을 것입니다. '두류문학회'는 70년대 들어서 문학동아리 '야정 野井'으로 바뀌어 활동을 이어갔습니다. 특히 아동문단에서는 진주교대 출신 문학가의 비중이 상당하다는 것을 부언합니다.

진주교대 초창기(1960년대)의 '두류문학회' 활동 내용은『남강문학』제6호(2014)에 발표한 바 있습니다. 이를 바탕으로 하여 2023년 발행한 동문문인작품집 등으로 내용을 보완했습니다. 당시 교대는 초급대학이었기 때문에 2년의 과정으로 많은 경험이나 학습을 하기에는 부족한 시간이지만, 절차탁마하여 등단의 과정을 거친 이들이 많습니다.

 본고는 지명도와 참고자료를 감안하여 60년대에 입학한 교대7기 문인들까지 기술했지만 부족한 부분이 많습니다. 앞으로 내용의 보완이 필요합니다. 진주교대 문학의 진면목을 다 밝히지 못한 것 같아 아쉬움이 남습니다.

(『남강문학』 2014년 제6호, 수정보완 2024. 10)

진주 지역과 동학농민운동[1]

경상도에 번진 불길

갑오년(1984) 1월 10일(양 2월 15일), 전라도 고부 농민들이 일어났다. 1892년 말 고부군수로 부임해 온 조병갑의 횡포가 농민들을 자극했기 때문이었다. 직접적인 불씨가 된 것은 만석보萬石洑의 개수문제에 따르는 수세징수사건이었다.

동학 접주[2]인 전봉준이 이끈 농민들은 군수 조병갑을 몰아내고 관아를 점령했다. 사태 수습을 위해 조정에서 보낸 안핵사 이용태는 오히려 농민을 탄압하면서 고부 봉기는 농민 전쟁으로 번졌다.

3월 21일, 전봉준은 중의에 의하여 대장으로 추대되었다. 그리고 손화중, 김개남은 총관령總管領으로, 김덕명, 오시영이 총참모總參謨로, 최경선이 영솔장領率將으로, 송희옥, 정백현은 비서의 직임을 받았다. 전봉준은 백립白笠과 백의白衣에 백마를 타고 다녔[3]다. 본진이 있는 백산(지금의 전북 부안)에 모인 농민군은 8,000명이 넘었다.

---

[1] 1894년 동학에 기반을 둔 반제·반봉건 근대화운동. 갑오년에 일어나 갑오농민전쟁, 동학 정신에 기반을 두었다고 하여 동학난·동학 혁명·동학혁명운동·동학농민전쟁이라고도 한다.
[2] 동학도들을 관리하기 위한 조직의 리더.
[3] 천도교중앙총부,『천도교백년약사』미래문화사, 1981, p.208.

앉으면 죽산竹山 : 농민군이 앉으면 손에 든 죽창만 보이고
서면 백산白山 : 일어나면 흰옷 입은 사람만 보인다.

고부에서 불어오는 불바람은 경상도 땅도 그냥 두지 않았다.

덕산은 지리산 남쪽 기슭 끝자락에 있는 작은 마을이다. 지도에도 지명이 나타나 있지 않은 마을이지만, 일본군은 '동학군의 소굴'이라고 표현했을 만큼 경남지역 민중 항쟁의 진원지가 되는 곳이다. 행정구역상으로는 경남 산청군 시천면4).

이곳은 남명南冥 조식曺植 선생이 말년에 은거하면서 많은 제자들을 길러 내고 그의 사상을 집대성시킨 곳으로도 유명하지만, 지리산을 거점으로 한 구한말 의병 활동, 해방 이후에는 빨치산 전투 등 아픈 생채기도 묻어 두고 있는 곳이기도 하다.

백낙도(도홍) 접주는 진양 삼장 사람이다. 그는 임진년(1892)에 전북 장수에서 유해룡으로부터 도(동학)를 받고 돌아와 진주 지방을 중심으로 그 씨앗을 뿌리고 있었다.

4월 하순(갑오년), 백낙도는 덕산을 기점으로 하여 1천 명의 농민군을 결성했다. 그러나 백낙도가 체포되고 처형되면서 그 바람도 멈추는 듯했다.

진주영장 박희방이 포군 수백 명을 거느리고 시천면 대찰리에 이르러 대접주 백낙도를 결박(성순상이란 자의 밀고에 의해 체포)하고 위협하여 말하기를 "이곳에 너희 동학군이 어디 있느냐? 모두 바른대로 고하라." 하였다. 그러자 백접주가 정색하여 말하기를 "우리는 나라를 안보하고 백성을 편안케 하려는 사람이요, 너희는

---

4) 산청 시천면 내대리 동학기포지에 2015년 10월 기념탑을 세우고, 5월11일 동학혁명 기념일에 산청동학기념식을 거행하고 있다.

백성의 기름과 피를 빠는 관원이니 내 어찌 너희들에게 보국할 사람을 죽이라고 내 입으로 말할 수 있겠느냐? 내 차라리 수십만 동학군을 대표하여 죽으리라"5) 하면서 저항했다.

그때의 상황은 '지난달 진주 지방에서도 인근 각지의 동학당이 봉기하여 불온한 상태이지만, 얼마 되지 않아 진정되어 거괴인 백도홍을 비롯하여 30여 명의 난도가 포박되어 그 후 무사하게 되었다 …. 이곳 영장은 민병 천여 명을 모아 시끄러움에 대비하고, 동학도인 백도홍을 덕유(지리산과 경계의 곳)에서 붙잡아 즉시 효수하고, 나머지 도당 수십 명은 감옥에 잡아 두었기 때문에 잠시 진정되었음'이라 기록6)하고 있다.

경상감사가 4월 27일(양 5월 31일)에 조정에 보고한 전보 내용도 '앞서 동학괴수 백홍석을 죽였다. 동도 수만 명이 갑자기 진주 성중으로 들어와서 시끄럽게 군다 하니 민망스럽다' 라고 했다.

한편, 전봉준의 동학농민군은 4월 28일 전주로 입성했다. 이 무렵 정부의 구원요청에 청군이 출동(5월 5일)한다. 다음 날 일본군이 인천으로 상륙하는데, 청군차병을 빌미로 파병을 자행했던 것이다.

이에 전봉준은 폐정개혁안을 제시하고 이를 받아들인다면 해산할 용의가 있음을 밝히는 강화안을 제시했다. 이들이 제시한 폐정개혁요구안 12개 조항의 내용은 다음과 같다.7)

① 도인道人과 정부 사이에는 묵은 감정은 씻어버리고 서정庶政에 협력한다.

---

5) 천도교중앙총부, 『천도교백년약사』 미래문화사, 1981, p.222.
6) '주한 일본공사관 기록' 참조
7) 이종범·최원규, 『자료 한국 근현대사 입문』 혜안, 1995, p.118.

② 탐관오리의 죄목은 조사하여 하나하나 엄징한다.
③ 횡포한 부호배富豪輩를 엄징한다.
④ 불량한 유림儒林과 양반들은 징벌한다.
⑤ 노비 문서는 불태워버린다.
⑥ 칠반천인七班賤人의 대우를 개선하고 백정白丁 머리에 쓰는 평양립平壤笠을 벗게 한다.
⑦ 청춘과부의 재혼을 허락한다.
⑧ 무명잡세는 모두 폐지한다.
⑨ 관리 채용은 지벌地閥을 타파하고 인재 위주로 한다.
⑩ 외적과 내통하는 자는 엄징한다.
⑪ 공사채公私債를 막론하고 지난 것은 모두 무효로 한다.
⑫ 토지는 평균으로 분작分作하게 한다.

 초토사 홍계훈도 이를 받아들임으로써 5월 8일(양 6월 11일) 전주화약이 성립되고, 동학농민군은 전주성을 점거한 지 10여 일 만에 철수하고 모두 해산한다. 이후 전라도 53개주(읍)의 관아에 주민자치기관인 집강소가 설치되기도 했다.
 그러나 일본군은 귀환은커녕 경복궁을 강점(음 6월 21일)하면서 일본군의 궁궐로 만들어버렸다. 6월 23일(양 7월 25일) 아산해전을 시작으로 청일전쟁을 도발했는데, 8월 평양전투에서도 일방적인 승리로 끝난다. 이 전투에서 청병 2천5백 명이 죽고 1천5백 명이 포로로 연행되었다. 일본병의 전사자는 168명.(중략) 이토록 처절하게 외세가 각축하는 통에 우리나라 백성의 생명과 재산도 수없이 희생되었다.[8]
 평양전투가 있은지 보름만에 파리의 르 프티 파리지앙(양 1994. 9. 30) 지에 청병 포로들의 사진이 실렸는데, 당시 평양에 있었던 선

---
8) 조선일보사, 『격동의구한말 역사의현장』 조선일보사출판국, 1986, p.28.

교사 모페트는 "패주하던 청병은 인가에 기어들어 죽거나 죽지 못한 고통을 참지 못해 자살을 했다. 일본군은 잔인하게도 이 청병들의 목을 베어 장대에 꽂아 전시함으로써 승전에 도취하였다."9)라고 했다.

기세등등한 일본은 김홍집을 중심으로 한 개화파 관료들을 대거 영입하여 친일내각을 수립하는 등 내정간섭이 심해지자, 전봉준은 다시 척왜斥倭를 부르짖으며 기포起包를 명했다. 이에 호응하여 각처에서 다시 봉기했다. 10월 말을 전후하여 전라도 삼례역에 모인 동학농민군의 수는 11만에 가까웠다.

청년 장군 김인배

만지 들판은 섬진강 줄기가 에둘러 흘러 삼각주가 이룬 들판이다. 원래 전라도 광양 땅이었지만 지금은 하동땅이다. 일제시대에 광양 군수와 하동 군수가 술자리에서 그렇게 합의한 것이 원인이 되었다 한다.

날씨마저 조정의 무능을 힐책하는지 가뭄이 계속되고 있었다.

경상도는 집강소와 관계없이 독자적으로 농민운동을 벌이고 있었다. 오직 보국안민의 충정에서였다. 9월 1일(양 9월 28일), 농민군들의 도강 작전이 실시된다. 영호대접주인 김인배가 이들의 지휘를 맡고 있었다.

그는 본명이 용배로 전북 금구(지금은 김제군 봉남면) 사람이다.

---

9) 위의 책, p.28.

겨우 스무네 살이었지만 동학군 10대 지도자의 한 사람이다. 백산 봉기 때 그의 활동이 두드러져 같은 고장 출신인 김덕명의 신임을 받은 게 아닌가 싶다.

　김인배가 역사에 처음 등장한 것은 전주화약 이후 농민군이 전라도 각 군현에 집강소를 설치하고 농민통치를 시행하던 시기다. 전봉준은 최경선과 함께 태인으로, 손화중은 광주로, 김개남은 남원으로, 김인배는 남원을 거쳐 순천으로 내려가 영호도회소를 설치하고 활동을 개시했다.10)

　김인배는 순천에 본부를 두고 유하덕을 도접주로 삼아 그의 영역을 넓혀 갔는데, 그는 순천과 진주를 축으로 한 영호남 아랫녘 농민군 지도자였다.

　이런 일화도 전한다. 그는 수많은 농민군들이 보는 앞에서 부적 하나를 수탉의 가슴에 걸어 놓고 백보 쯤 떨어진 곳에 놓게 하고는, 총을 쏘아도 맞지 않을 것이라고 하면서 내 부적은 엄청난 효험이 있다고 했다. 그리고 나서 자기 심복으로 하여금 총을 세 발 쏘게 하였는데 수탉은 하나도 맞지 않았다는 것이다. 전투에 나선 농민군들도 그가 나눠준 부적들을 옷 안 깊숙한 곳에 붙이고 다녔다. 목숨이 경각에 달려 있는데 그 부적의 힘에라도 의존하게 했다고 할까.

　진주와 하동 일대를 장악하기로 계획을 세운 김인배는 이미 도강 하루 전날에 약 5천 명의 병력을 선거역에 집결시킨 후 섬진 나루터로 향한다. 이 나루는 하동읍에서 10리 정도 위쪽에 있으며 하동, 광양의 길목이었다.

　섬진강 건너 쪽에서 농민군 대부대가 이동하고 있는 것을 목격한

---

10) nongmin.tistory.com.「청년장군, 영호대접주 김인배」(2023. 07.17) 참조.

관군대장 김진옥은 성곽이 없는 부중에서 방어하기가 어렵다는 것을 깨닫고는 뒷산인 안장봉에 진을 치고 대치했다. 말안장처럼 생겼다고 하여 붙여진 이름인데, 해발 2백여 미터밖에 안 되지만 제법 가파른 산이다.

관군은 뒷산에서, 농민군은 섬진강 일대에서 서로 깃발을 날리며 위세를 돋보이게 하려고 북과 꽹과리를 치며 야단이었다.

하동부사 이채연은 대규모 병력이 하동을 공격한다는 소식에 지원군 요청을 한다며 이미 대구로 피신해 버렸고, 민보군(민포군) 대장 김진옥이 7백 명의 군사를 동원하여 농민군과 맞서고 있었다. 통영에서 지원받은 12좌의 대완포와 각지에서 동원된 민보군이 가세하고 있었다.

김인배는 안장봉을 올려 보며 관군의 동태를 살펴보았다. 그리고는 삼면 공격을 결정하면서 주력 부대는 안장봉 서쪽에서, 나머지는 남동쪽과 동쪽에서 공격하면서 포위해 나가도록 지시하였다.

주력 부대는 만지들로 도강한 후, 화심리와 두곡리에서 포진하였다. 다른 한 부대는 강을 따라 하동 해량까지 내려가 도강토록 했고, 광양 진월면 망덕에 머물러 있던 1개 부대는 배를 이용하여 섬진강을 거슬러 올라가 하동 동쪽에 상륙하여, 하동 접주 여장협이 이끄는 부대와 합류하여 동쪽에서 공격토록 했다.

농민군의 진격 소리는 우렁찼다. 햇살도 따갑게 내리고 있었다. 점심 식사를 끝낸 주력 부대는 안장봉을 향하여 치닫기 시작했다. 다른 방향에서도 공격이 시작됐다. 민보군도 이에 질세라 대포를 발사하기 시작했다. 소리는 요란했지만 적중률도 크지 않았다. 농민군은 정상을 향하여 부지런히 움직였다.

산 중턱에 오르니 땅거미가 앞을 가로막는 것이었다. 더 이상 나아갈 수가 없었다. 농민군은 새벽빛이 희부염 보이기 시작하자 전열을 가다듬고 공격을 개시했다. 안장봉을 점령하고 나니 해는 중천에서 황금빛을 쏟아내고 있었다.

이날, 김진옥을 비롯한 많은 민보군이 전사했고, 나머지는 뿔뿔이 흩어져 달아나고 말았다. 대승을 거둠으로써 하동은 농민군의 수중으로 들어갔다.

진주 광탄진에 모여서

진주 지역의 손은석 포包11)는 9월 초순부터 항일투쟁을 위한 준비를 서둘고 있었다. 관의 탄압으로 제대로 활동을 하지 못한 고성, 사천, 남해 등의 농민군들도 하동에서부터 날아온 승전보에 전열을 가다듬고 보국안민의 새로운 도약을 계획하고 있었다. 전봉준이 2차 기병을 결정한 날짜가 9월 12(음)일이니까 이보다 앞서는 독자적 활동이었다.

9월 8일(양 10월 6일), 이른 새벽부터 진주 평거 광탄진(너우니)에는 괴나리봇짐을 맨 무리들이 모이기 시작했다. 너우니는 '넓은 여울이 있는 나루'라는 뜻의 순우리말 이다. 경호강과 덕천강이 합류하는 지역으로, 자갈과 모래의 퇴적으로 넓은 평탄한 지형인데, 조선 시대에는 군사 훈련 교장으로 사용되기도 했다. 광탄진廣灘津은 남강댐이 완성되면서 진양호 물밑으로 사라졌다.

---

11) 몇 개의 접接을 합친 큰 조직임.

이미 73개 이임里任 앞으로 보낸 방문榜文은 일종의 동원령 같은 「진주초차괘방晉州初次掛榜」이었다.

방榜의 내용은 다음과 같다.

나라의 안위는 백성의 생사에 있으며, 백성의 생사는 나라의 안위에 달렸다. 그러한즉 어찌 보국안민의 방도가 없을 수 있으랴! 앞서 이런 뜻으로 73개 이임들에게 통문을 돌렸다. 그러나 잘못 전해지지나 않았을까 이 점을 걱정한다.

아! 우리 진주 지역 백성들은 모두가 흩어져 있는 지경이라 별반 구제해 살려낼 방도마저 없으니 무엇에 의존해서 보존할 수 있으랴. 이달 초8일 오전에 각 동리마다 13명씩 일제히 평거 광탄진으로 모여 이러한 것들을 의논해서 처결해 주면 천만다행이겠다.

1. 각 리의 대표자는 사리를 분별할 줄 아는 사람 2명과 과유군(果遊軍: 결단성 있고 과단성 있는 농군?) 10명씩 갓을 쓰고 와서 기다리게 할 것.
2. 만일 불참하는 면이 있다면 의당 조처가 있을 것이며,
3. 각 리에서는 각자 다음에 적힌 대로 3일분의 양식을 가지고 와서 대기할 것.
4. 시각을 위반하지 말고 와서 기다리도록 할 것.

갑오 9월 초2일

척양척왜斥洋斥倭, 보국안민을 위한 궐기의 목소리는 남강 물결을 타고 거세게 흘러갔다. 영호 대접주인 김인배도 진주로 진출하여 그들과 연합작전을 펴고 있었다. 마침내 진주성이 그들의 수중에 들어왔다. 성에는 울긋불긋한 깃발들과 붉은 바탕에 '보국안민' 등을 새긴 대형 깃발이 걸리기도 했다.

아무런 저항도 받지 않고 들어온 진주성! 아니, 환대까지 받으며 들어섰다면 이상한 일일까? 이 상황에서 눈여겨볼 만한 인물이 한

분 있다. 민준호라는 영남우병사다.

민준호는 영장을 보내어 이들을 정중히 맞이하였고, 농민군들이 병영 앞에 이르자 군졸 30여 명을 이끌고 출영하여 성내로 안내하고 잔치를 베풀고 위로까지 한다. 그는 무관이었지만 왜 농민군에게 우호적이었을까? 경복궁 쿠데타 이후, 수립된 친일개화정권에 항거하고 싶었던 것은 아니었을까.

그랬으니 동학농민운동이 진정된 뒤 공과를 따지는 과정에서 '헛되이 어리석고 무서운 생각들을 품고서 비류들을 후대했으며, 하동에서 급박함을 고하는데도 하나의 군졸도 보내지 않았으니 잡아다가 중한 죄를 내리라'는 조처를 받을 수밖에 없었으리라. 농민군은 여기서 머물지 않았다. 항일투쟁을 위한 행동을 결의했으니, 또 다른 후속 조처가 필요했다. 이때 띄운 통문이「재차사통再次私通」이다.

> (전략) 큰 동리에서는 50명, 중간 동리에서는 30명, 적은 동네에서는 20명, 아주 작은 동네는 10 명씩 내일(11일) 오전에 복흥 대치우(大峙牛: 대웃재)로 즉시 모이라. 만일 불참하거나 지체하면 해당 이임과 동장의 집부터 소탕하고 다른 동네도 이처럼 하리라. 이에 알려주니 알아서 행하도록 하라. 여기 들어 있는 통문은 한 마을에서 보는 즉시 다른 마을로 빨리 전하라.(후략)

복흥 대웃재는 산청군 단성면 당산리의 시랑골 마을에서 진양군 수곡면 자매리 대우 마을로 넘어가는 고개를 말한다. 자매리 일대까지 '대웃재'라는 이름이 붙여졌으니 이 고개가 얼마나 유명한지 알 수 있다.

이날 용감한 민중들이 상당수 모여들어 대오를 편성했다. 그리고 군사 훈련도 실시했다. 이로써 항일투쟁을 위한 재기포再起包의 형식은 갖추어진 것이었다.

일본군 출동

손은석 대접주는 부대 편제를 서둘렀다. 관군과 일본군에 대항하기 위해 위해서는 조직력을 강화시켜야 했다. 전운승 접주를 도통령으로 삼고, 중군장, 우선봉장, 후군장, 도통찰 등을 임명하였다. 그리고 이에 따라 병력도 적절히 배당하고는 부대는 각각 진주 인근 지역으로 분산하여 주둔시켰다. 민중들을 규합하고 군사 관리의 효율을 위해서였다.

잠잠하리라고 여겼던 경상도까지 들먹이고 보니 조정은 당황하지 않을 수 없었다. 다급해진 경상감사 조병호는 조정의 지시에 따라 대구부 판관 지석영을 현지로 파견하였다. 후에 종두를 보급한 인물로 유명하지만, 그는 현지의 상황을 조사하고 보고했다. 경상감사가 이를 종합하여 조정에 장계를 올린 것은 9월 30일(양 10월 28일)이었다.

김홍집 내각은 일본군에 매달렸다. 조정은 종이호랑이에 불과했으니까.

이때 일본군은 청일전쟁 승리의 여세를 몰아 중국의 구련성과 안동현을 점령했고, 그 세력이 날로 확장되어 가고 있었다. 우리나라는 그들의 병참 기지가 되었으며, 서울, 부산, 인천, 용산, 원산 등지에는 수비대를 설치해 놓고, 그 산하에 병참사령부도 배치했다.

이미 전쟁을 경험한 그들이었기에 두려움도 없었고, 신식무기에 전략도 교묘했다. 하동 지역이 떨어졌다는 소식이 전해지자, 일본군은 비밀 정찰대를 파견하여 농민군의 행동을 빠짐없이 파악하고 있었다.

 출동 명령이 내린 것은 10월 4일(양 11월 1일). 스즈기鈴木 대위의 지휘 아래 약 2백 명의 일본군들이 부산을 출발했다. 사천 곤양에 도착한 것은 사흘 후 저녁 무렵이었다.

 한편 관군도 출동의 형식을 취한다. 지석영이 통영포군 1백 명을 동원한다. 고성에서 일본군과 합류하지만, 일본군에게는 거추장스런 존재였으며, 관군의 출동은 단지 농민군의 저지에 동참했다는 명분만 서는 일이었다.

깃발 몬데이

 일본군이 출동했다는 소식은 금세 퍼져 갔다. 농민군들도 일대 격전을 위해 만반의 준비를 갖출 수밖에 없었다.

 10월 5일, 진주대접주 전희순은 기포하라는 통문을 받고 기력이 장대한 도인 감학두와 더불어 곤양 군기소軍器所에 이르러 군기감역 문모文某에게 사유를 말하고 군기를 달라고 했다. 이에 응하지 않자, 전희순은 숯불이 가득한 화로를 들어 그의 앞에 던지고 뺨을 후려치면서 이르되 "우리는 나랏일을 위하여 탄관오리를 제거하려고 혁명을 일으키는 것인데 네가 만약 이 나라와 백성이 되어 우리의 뜻을 순종하지 않으면 너부터 당장에 쳐 죽이리라." 하고 다시 상

위에 있는 벼룻돌을 집어 드니 문모가 황겁하여 군기고의 열쇠를 내주었다[12] 한다. 두 사람은 한 짐씩 무기를 지고 나왔다.

하동 지역 농민군들은 진교 서쪽에 있는 안심리와 고하리 일대에서 진을 치고 있었다.

첫번째 전투는 안심리에서 터졌다. 하동 접주 여장협이 이끄는 군사는 진교, 양보, 고전면 일대에 퍼져 있었으며, 그 중 안심리 마을 바로 남서쪽 시루봉에 약 3백 명의 병력을 배치하여 진을 치고 있었다. 이곳은 금오산 북쪽 지역의 한 봉우리인데, 시루봉이라 하는 것은 그 생김새가 시루처럼 생겼다 하여 붙여진 이름이다. 당시 안심리의 호수는 70호 남짓했다. 이에 주둔하고 있던 부대는 주로 양보면 농민군들이었다. 그들은 시루봉에 돌을 더 쌓아 성처럼 만들고, 깃발을 세워 놓고 나팔과 북과 징을 울렸으니, 10리 밖에서도 환히 알 수 있었다. 그리고 지형이 좁고 가팔라 적에 대항하기에는 적합한 곳이었다. 그러나 그들이 가진 것이라고는 화승총 30여 자루에 활과 칼과 죽창과 돌맹이 따위였다.

10월 10일, 새벽부터 일본군과 관군의 공격이 시작됐다. 안심리 동쪽 마을인 신안 계곡을 따라 금오산 능선으로 올라가 산상에서 공격하는 분대, 시루봉 동쪽 측면에서 공격하는 분대, 서쪽 성평리 쪽에서 공격하는 분대 등 세 방면에서의 공격은 조직적이었다.

농민군의 항전은 결사적이었다. 그들에겐 오직 보국안민, 척왜의 충정뿐이었다. 그것은 결사적으로 항전할 수 있었던 에너지였다.

화승총은 발사 시간도 더딜 뿐만 아니라, 사정거리가 30미터에 불과한데다, 조준율도 낮아 일본의 신식 무기와는 비교도 할 수 없

---

[12] 천도교중앙총부, 『천도교백년약사』 미래문화사, 1981, p.257.

었다. 일본군은 화승총 조준 거리 밖에까지 마음 놓고 들어와 신무기의 위력을 보이는 것이었다. 저항의 대책이 없었다. 일본군은 목을 죄듯 다가오고 있었다. 대부분의 농민군들은 대항도 해보지 못하고 무너지기 시작했다.

일본 기록에는 '사망자 5명, 생포자 28명과 기타 유기품이 약간 있었다'고 했으나, 지방민들은 수백 명이 전사했다고 한다.

척양척왜, 보국안민의 충정을 깃대에 꽂고 분연히 일어섰던 농민군의 위세는 일본군에 의하여 무참히 꺾일 수밖에 없었다.

농민군의 후손이라며 이름 밝히기를 거부하는 한 촌로는, 시루봉을 가리키면서 이렇게 말한다.

"어렸을 적에 어른들로부터 저기 저 맞은편에 보이는 봉우리가 '깃발 몬데이-언덕의 서부 경남 방언-'라는 이야기를 들었제. 울긋불긋한 깃대들이 마치 천하를 뒤덮을 듯한 기세였다카더라."

같은 날, 진주 상평에서도 전투가 벌어진다. 상평포上坪包에서 독자적으로 무장한 농민군들이 일본군과 맞서 싸운 것이다. 일본군은 약 80명이 동원되었고, 관군은 10명이었다.

농민군은 밀리기 시작했다. 진주 수곡에는 그렇게 밀려온 자들이 집결하고 있었다. 일본군은 진주로 입성했다.

고성산 전투

수곡 일대에는 약 5천 명의 농민군이 집결하고 있었다.

이미 일본군은 선공의 방침을 굳히고 있었다. 14일 새벽 네 시경,

명령이 내려졌다. 진주성은 관군이 지키게 하고, 일본군 170여 명만 차출된 것이었다.

일본군이 덕천강 동쪽 수곡촌에 도착한 것은 새벽 일곱 시 경이었다.

"일본군이 몰려온다."

고함소리와 함께 북소리가 요란하게 울려 퍼졌다. 농민군도 전투 채비를 차렸다. 두 부대로 나누어 주력 부대는 북방리 뒤쪽 고성산에, 한 부대는 들판에 배치했다.

고성산(일명 고승당산)은 옛날 백제 때의 산성으로 성채는 없으나, 층층으로 둘러싸인 자연 암벽이 성벽처럼 견고했다. 해발 185미터에 불과하지만, 삼면이 평지로 되어 있고, 서쪽만이 산맥과 접해 있으나 골짜기로 되어 산세가 돌출되어 있는 것이었다. 농민군은 이 지형을 십분 이용하려 했다.

일본군은 3개 분대로 나누었다. 정면 공격조, 남쪽 계곡을 돌아 진격하는 산성 측면 공격조, 산성 북쪽 공격조로 나누어 공격하기 시작했다. 햇살은 또 하나의 비극의 역사가 이루어지는 줄도 모르고 마냥 포근한 얼굴로 비추고 있었다.

일본군은 신무기를 앞세우고 무차별로 공격해 왔다. 산은 온통 핏물이었다. 더 이상 버틸 수 없어 도망하는 농민군의 등을 향하여 총구는 쉴 새 없이 불을 뿜어대고 있었다.

고성산 동남북은 관군(일본군)에게 이미 포위를 당하고, 서쪽은 절벽이라, 농민군은 대오를 잃고 단병접전으로 저항했으나 크게 패하여 시체가 산같이 쌓였다.[13]

---

13) 위의 책, p.258.

이 전투에서 농민군은 186명이 전사하고, 일본군은 고작 3명의 부상자만 내었을 뿐이었다. 일본군은 이 외에도 생포 2명, 화약 30과, 한국돈 6관7백90문, 말 17두, 소 2두, 잡품 가마니 1개, 쌀 5두 등의 빛나는 전과를 올렸다.14)

진주접주 전희순의 기적적인 생환과 사천군 동학군 지도자 전사자 명단은 다음과 같다.15)

> 이때에 진주대접주 전희순은 온 몸이 피투성이가 되어 폭포가 떨어지는 절벽 사이에 몸을 숨기고 있던 차에, 소년 동학군 김용옥의 구원을 받아 서홍무의 집으로 갔는데, 서홍무는 피난가고 늙은 할머니가 있었으므로 피 묻은 옷은 바꾸어 입고, 3일을 치료하여 겨우 생명을 보전하였다.
> 고승당 전투에서 전사한 주요 인물은 사천 수접주首接主 김성룡, 대정大正 최기현, 중정中正 강오원, 곤양 대정 최몽원, 김경련, 최성준, 한명선, 김명완, 중정 강몽생, 김단주, 조성인, 집강執綱 최학권, 신관준, 서사書司 김화준 등이며 그 밖의 이름은 밝혀지지 않았다.

일본군과 겁 없이 싸웠던 동학농민군! 격전이 벌어지면서 처절한 희생을 당한 고성산 전투! 지금도 그 주변 지역에는 분묘도 없이 같은 날 제사(음 10월 13일)를 지내는 가구가 많이 있다는데, 날씨가 흐린 날이면 고혼들의 고시랑거리는 소리가 경전 읽는 소리처럼 들려온다고 하여, 고시랑 당산이라고도 하는 고성산! 그렇게 아름다운 넋이 깃들어 있지만, 백여 년이 지나도록 폐허처럼 버려져 기억에도 멀어지는가 싶더니, 고성산성 전적지 보존회와 천도교 중앙총

---

14) '주한 일본공사관 기록' 참조.
15) 천도교중앙총부, 『천도교백년약사』 미래문화사, 1981, p.258.

부, 동학혁명 100주년 기념사업회 등이 주체가 되어 '고성산 동학혁명군 위령탑'을 건립하게 되었으니, 고성산 주위를 떠나지 못한 원혼들도 이제는 편안히 눈을 감을 수 있으리라.

그들을 기리며 건립문 전문을 옮겨 놓는다.

> 이곳은 민족의 얼이 깃든 곳이며 민족의 한이 서린 곳이다. 창생을 도탄에서 건지고 나라를 반석 위에 두고자 총궐기한 서부 경남지역 동학혁명군 수만 명은 포덕 35(갑오:1894)년 11월 11일(음 10. 14) 이곳에서 왜군과 처절한 격전을 벌여 수많은 선열들께서 산화하신 곳이다.
> 동학혁명 100주년 기념의 해를 맞이하여 순도 순국선열들의 그 고귀한 뜻을 자손만대에 길이 전하고자 피로 얼룩진 이 능선에 전몰 선열들의 한 맺힌 넋을 위로하면서 그 격전의 역사적 의미를 되새기고자 후손과 후학들의 정성과 뜻을 모아 이 탑을 세운다.

이후 산발적으로 일본군과 충돌이 있었다. 농민군은 일본군과 관군 연합군을 맞아 11월 9일(양 12월 5일) 공주우금치에서 전투를 벌였으나 패배하면서, 혁명의 불길도 서서히 꺼져버린 것이었다. 이후 김개남, 전봉준, 손화중 등이 체포되고 교수형에 처해지면서, '제폭구민' '보국안민' '척양척왜' 그리고 '지상천국'을 지향하던 그들의 꿈도 무너지고 말았다.

가보세 가보세

동학농민운동은 호남지역에서 일어났지만, 전국적인 의거로 발전했다. 봉건적 지배 질서가 강화되면서 민초들의 삶이 극도로 피폐해진 것에 대한 항거였다. 그러나 청나라 지원을 요청하는 바람에 일본군까지 개입하면서 사태는 더 커지고 말았다. 급기야 농민군들은 이들을 물리쳐 국가의 기강을 바로 세우고 싶었다.

진주지역은 임진왜란 당시 진주성 전투와 19세기 중엽의 진주농민항쟁 등을 겪으면서, 지리산의 기상처럼 강인하고 저항적 기질을 가진 곳이었다. 동학농민운동에서도 그 기질은 여과 없이 드러났다.

　　가보세 가보세
　　을미적 을미적
　　병신되면 못 가보리

그 당시 불려 졌던 민요다. 동학농민운동은 갑오년에 성공해야 한다는 것을 암시하고 있다. 일본군의 개입으로 사태가 불리해지는 것을 알았기 때문이다.

결국 이 운동은 실패했기 때문에 호남 반골들의 저항운동이라고 치부하면서 영남에서는 거의 묻어버리고 말았다.

그들이 추구하고 싶은 세상은 무엇이었는가. '제대로 대접받고, 제대로 잘 사는 나라'가 아니었을까?

결국 갑오동학농민운동은 갑오개혁을 이끄는 역할을 했다. 갑오개혁은 군국기무처에서 추진되었는데, 일본군이 경복궁을 점령하면서 친일파 정권이 수립되자 제도개혁과 신정권 탄생에 따른 정치적 문제를 해결하기 위해 설치되었다. 합의체 형식으로 구성된 초정부적 입법·정책결정기구로서 최고집권자의 회의체 기능을 수행했다. 7월 28일부터 10월 29일까지 약 3개월 동안 실질적인 활동을

하며 210건의 의안을 심의·통과시켰다.16)

1차개혁(1894.7~1984.11)에서는 과거제 폐지, 노비제와 신분제 폐지, 청상과부 재가 금지와 연좌법 폐습 폐지 등 사회개혁을 단행17)하면서, 봉건사회에서 근대국가 기틀을 닦는 계기가 되었지만, 일본의 입맛에 맞게 이루어진 측면도 없진 않다. 그나마 동학농민군이 제시한 폐정개혁안을 상당히 수용했다는 점이다.

동학농민운동은 피지 못한 불꽃이었다. 민초들은 보국안민, 척양척왜를 부르짖으며 나라의 불꽃이 되고 싶었다. 진주 지역에서도 진주의 정신으로 분연히 일어나기도 했다.

동학농민운동은 숨은 역사가 아니다. 그 기록물과 4·19혁명 기록물이 세계기록유산으로 등재(2023. 5. 18)되기도 했다. 그 정신을 계승하기 위해 동학농민혁명연구소가 개설되었고, 동학학회 등에서 동학정신을 선양하기 위한 노력을 계속하고 있다. 광주, 정읍(전북), 금산(충남) 등에서는 동학혁명기념일(5월 11일)에 추모 및 기념행사를 이어가고 있다.

동학농민혁명 기념일은 동학농민혁명의 역사적 가치와 의미를 재조명하기 위해 2019년 제정되었다. 전국 지방자치단체를 대상으로 대상 기념일을 공모하고, 공청회 및 기념일 선정위원회의 심의 과정을 거쳐 1894년 동학농민군이 황토현 전투에서 대승을 거둔 5월 11일을 기념일로 최종 선정했으며, 2019년 2월 19일 국무회의에서 '각종 기념일 등에 관한 규정' 개정안이 심의·의결되어 국가기념일로 제정되었다.18)

---

16) 한국민족문화대백과사전.
17) 윤관백, 『강의실 한국사』 2021, 선인, p.122.
18) '다음 백과사전' 참조.

영남에서도 하동 고성산과 산청 시천면에 기념탑이 서고, 동학농민군을 기리는 행사를 하는 것은 퍽 고무적인 일이 아닐 수 없다. 앞으로 그 역사적 흔적과 기록물을 찾아내고, 이와 관련한 연구도 활발해져서, 외세의 침략과 부패한 봉건 제도에 항거하여 궐기한 동학농민운동의 가치와 의미를 재조명하고, 애국애족정신을 고양하는 계기가 되어야 하리라. 남강은 그 꿈을 안고 유유히 흐르고 있는 것은 아닐까.

(『남강문학』 제18호, 2023)

제3아동문학평론집
아동문학을 돌아보다

초판1쇄 발행 2025년 3월 25일

지은이 박　일
펴낸이 이길안
펴낸곳 세종출판사

주소 부산광역시 중구 흑교로 71번길 12 (보수동2가)
전화 051－463－5898, 253－2213~5
팩스 051－248－4880
전자우편 sjpl5898@daum.net
출판등록 제02-01-96
ISBN 979-11-5979-754-5 03800

정가 18,000원

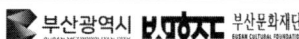
본 도서는 2025년 부산광역시, 부산문화재단 〈예술비평부문〉 지원을 받았습니다.

* 잘못된 책은 교환해 드립니다.